国际贸易实务疑难解答

QUESTIONS AND ANSWERS TO THE INTERNATIONAL BUSINESS

田运银 ◎ 著

中国海关出版社

图书在版编目（CIP）数据

国际贸易实务疑难解答/田运银著．—北京：
中国海关出版社，2010.9
ISBN 978-7-80165-718-3

Ⅰ．①国… Ⅱ．①田… Ⅲ．①国际贸易－贸易
实务－解题 Ⅳ．①F740.4－44

中国版本图书馆CIP数据核字（2010）第017775号

国际贸易实务疑难解答
GUOJI MAOYI SHIWU YINAN JIEDA

田运银 著

中国海关出版社

（北京市朝阳区东四环南路甲1号 100023）
新华书店经销　　北京京都六环印刷厂印刷
2010年9月第1版　2010年9月第1次印刷
开本：1/16 印张：9
字数：69千字
ISBN 978-7-80165-718-3
定价：20.00元

海关版图书，印装错误可随时调换

发行部：010-65194230
编辑部：010-65194242-7548
社办书店：010-65195616
出版社网址：www.hgcbs.com.cn

开卷必读

《国际贸易实务精讲》从 2007 年 1 月初版至今，先后经过三次大修一次小改，现在第四版就要与读者见面了。在过去的三年里，我收到了国内许多热心读者的来函，其中有咨询问题的，有指出书中错漏的，有提出疑问的，也有索取习题答案甚至 PPT 讲稿或教学方案的。读者的各种函电都给予了我莫大的鼓励和支持，正是这些珍贵的激励，才使我始终把读者的需求当做一份沉甸甸的责任揣在心里。我从来没有满足于出书的现状，而是把每一次新版都当成是新的起点，每次发现了书中的错漏、每次找到了新的信息、每次得到了新的灵感，都会将其一一记下，并在适当的时候对原书内容适时加以修订、删节、补充和完善。

我的童年、少年和青年都是在经济并不富足的年月中一步一步蹒跚着走过来的，当时的专业教科书并不齐全，"××速成"或习题集一类的教辅资料根本就不存在。说实话，我一向反对抛开系统的教科书不读而一心只去死记硬背速成本上的问题及其答案的做法，也一向不主张在习题后面注明答案，这就像初学走路总要让大人牵着、初学骑自行车后面总让人用双手扶着支架、初学游泳身上套着救生圈、初学英语专看英汉对照的读本一样，看样子很安全、很保险、很实用，而实际上却让初学者有意无意地形成了一种依赖思维，渐渐地彻底失去了学习锻炼自己的动力和机会，最终很可能什么都没有学到。我们倡导读书一定要读出自己独特、新颖、正确的观点、思想和方法来，只有这样，我们才能进步、提高和发展。

我之所以违反自己的初衷，最终还是写出了这本《国际贸易实务疑难解答》，主要还是考虑需要"证实答案"的读者数量太多，他们对自己所理解的知识点没有把握、缺乏自信，心中的疑虑和困惑长时间没有办法消除掉。希望这本书能够对读者学好国际贸易实务专业知识起到一定的辅助和参考作用，同时，为了使大家不至于对任何答案产生"拐杖"心理。特此作出如下说明和希望：

（1）书中的答案是我多年经验积累下的一家之言，可供大家参考。但这些答案并非"唯一的答案"。这就像当年的大诗人苏轼对于庐山"横看成岭侧成峰，远近高低各不同"的印象一样，对于同一个问题，人们所站的角度不同，其观点也会各异，这些都是很自然、很正常的现象。在现实生活中，这类情况更是屡见不鲜。例如，同一个案件，一审法院与终审法院的判决却截然相反。而且，在很多时候，对于同一个问题的不同观点，人们很难一下说清楚到底谁是谁非、谁对谁错。请大家一定不要沿袭小学数学中"3+2=5"、"4×6=24"那种简单的思维方式来对待这些解答。我始终认为，对于国际贸易案例分析，有很多案例出现见仁见智的情况是很正常的，我们不必为"一案多答"而感到困惑和无助，关键是我们一定要弄清楚"为什么"，这样才能真正消化和巩固我们所学的知识，启发我们的思绪和联想，把专业知识学活，逐步达到融会贯通的境界。

（2）国际贸易实务既是一门专业性和实务性很强的应用型学科，又是一门与其他众多门类，如经济、法律、金融、营销、会计、物流、保险、报关、地理等知识关联性极强的综合性学科。因此，这门课程既有其"实务"的特征，又具备"理论"的一面，理论是基础、实务是手段和目的，理论相对单一、实务则更复杂。也就是说，在很多时候，对于同一个问题，站在实务的角度去分析、判断和处理时，往往会比站在纯理论的角度复杂多变许多，而且，越是熟悉外贸实际业务，处理问题的方法就会越是多样化。

（3）大家在做相关习题的时候，最好事先不要看答案，而应该始终坚持自主答题。在做完以后感觉需要寻求论证的时候，才可以适当对照检查一下，用以证明自己答题思路和方法的对错。只有这样，答案才能收到最佳的自学效果。

（4）继续欢迎大家不吝赐教，欢迎大家保持交流，我的电子邮箱：gmzyfzr@sina.com。

田运银

2009 年 10 月 11 日

目录 Contents

第一章 贸易术语   1
○ 思考题   2
○ 案例分析题   9

第二章 买卖合同的标的   13
○ 思考题   14
○ 计算题   16
○ 案例分析题   17

第三章 国际货物运输   21
○ 思考题   22
○ 计算题   26
○ 案例分析题   29

第四章　国际货物运输保险　　　　　33
　　○ 思考题　　　　　　　　　　　　34
　　○ 计算题　　　　　　　　　　　　40
　　○ 案例分析题　　　　　　　　　　42

第五章　价　格　　　　　　　　　47
　　○ 思考题　　　　　　　　　　　　48
　　○ 计算题　　　　　　　　　　　　52

第六章　支　付　　　　　　　　　55
　　○ 思考题　　　　　　　　　　　　56
　　○ 案例分析题　　　　　　　　　　62

第七章　检验与索赔　　　　　　　67
　　○ 思考题　　　　　　　　　　　　68
　　○ 案例分析题　　　　　　　　　　72

第八章　不可抗力和仲裁　　　　　75
　　○ 思考题　　　　　　　　　　　　76
　　○ 案例分析题　　　　　　　　　　79

第九章　买卖合同的签订与履行　83
- 思考题　84
- 案例分析题　91

第十章　商品贸易　97
- 思考题　98
- 案例分析题　103

第十一章　混合贸易　107
- 思考题　108
- 案例分析题　111

第十二章　技术贸易　113
- 思考题　114
- 案例分析题　119

第十三章 服务贸易　121
- 思考题　122

第一章

贸易术语

思考题

1. 关于贸易术语方面的国际惯例常用的有哪几种?

答:目前,国际上关于贸易术语方面的国际惯例主要有三种:(1)国际法协会修订的《1932年华沙—牛津规则》;(2)美国几家商业团体修订的《1941年美国对外贸易定义修订本》;(3)国际商会修订的《2000年国际贸易术语解释通则》。

2. 国际贸易惯例与法律有什么联系和区别?如果买卖合同内容与惯例有冲突,应以什么为准?

答:(1)区别:国际贸易惯例对于当事人一般不具备强制的约束力,当事人可以按照国际惯例行事,也可以不执行，还可以根据合同双方的意愿对于惯例作出任意的修改。法律则在一定范围内对于当事人具有强制的约束力，当事人必须依法行事。(2) 联系：国际贸易惯例在一定条件下也可以对当事人形成强制的约束力，使之成为一项法律。例如，一国的立法当局通过立法的方式，或者某些国际公约赋予了某些国际贸易惯例以法律效力；再如，合同双方当事人在买卖合同中规定其合同适用某些国际贸易惯例。

3. 当事人可否在合同中作出与惯例不符的规定？

答：完全可以，因为当事人对于惯例的接受和拒绝完全是建立在"意思自治"的基础之上的，惯例对于当事人不具备强制的法律约束力，并且可以对惯例作出任意的修改。但是，无论如何，这些规定一定要符合对当事人具有管辖权的相关法律。

4. 在 FOB 条件下，买卖双方各自的主要义务是什么？

答：(1) 卖方的主要义务：① 在合同规定的时间内和装运港口，将合同规定的货物交到买方指定的船舶上，并及时通知买方；② 承担货物在装运港越过船舷之前的一切风险和费用；③ 自负风险和费用，取得出口许可证或其他官方证件，办理货物出口的海关手续，并交纳海关税费；④ 提交商业发票，自费提供证明卖方已经按时交货的清洁单据或具有同等作用的电子信息。(2) 买方的主要义务：① 订立从指定装运港运输货物的合同，支付运杂费用，并将船名、装货地点、装运要求和交货时间及时通知卖方；② 按照合同规定接受单据、支付货款并受领货物；③ 承担货物越过装运港船舷以后的一切风险和费用；④ 自负风险和费用，取得进口许可证或其他官方文件，并办理货物进口的海关手续。

5. 如何理解按 FOB 术语成交时以船舷为界划分风险的问题？

答：在 FOB 贸易术语下，买卖双方的风险划分一般以装运港的船舷为界：货物在越过装运港的船舷以前发生了风险损失，一律由卖方承担；货物越过船舷以后发生了风险损失，其损失由买方承担。在特殊情况下，譬如，在集装箱货物运输中，货物在装船时跌落，如果集装箱掉到载货船舶与码头之间的海水里，视为"货物越过船舷以前"；如果集装箱整体跌落在载货船舶上，哪怕仍然有一截集装箱没有越过船舷，也应视为"货物已经越过了载货船舶的船舷"。另外，这里的船舷是指"在装运港的远洋货轮的载货船舶的船舷"，既不是指驳船的船舷，也不是指任意船只的船舷。

6. 班轮的定义与特点。

答：班轮是指那种管装管卸、具有固定的运营航线、沿途停靠固定的港口、按照预先制定的船期表航行、按照公布的运价表计收运费的船舶。班轮的特点：① "四定"：定航线、定港口、定船期、定费率；② 管装管卸，且装卸费用与运杂费用一起包干，而不再另外加收；③ 不限货运数量多少，承运方式灵活方便；④ 船货双方的权利和义务以提单条款的形式加以规定。

7. 为什么要在国际货物买卖合同中规定"装运通知"条款？举例说明。

答："装运通知"对于买卖双方成功实现货物的顺利交接意义十分重大，买方在货物装运之前、卖方在货物装运以后，分别及时向对方发出装运通知都至关重要。例如：① 在买方办理租船订舱的情况下，装运须知便于船货的衔接，不至于出现空舱费或"货等船"的现象；② 在买方办理货运保险的情况下，装运通知便于买方及时办理货运保险；③ 在一般情况下，装运通知便于买方及时办理货物的进口及提货手续。

8. 在 FOB 条件下，如果卖方不愿意承担装船费用，可选用哪几种术语变形？

答：可以选用 FOB Liner Terms（FOB 班轮条件）或者 FOB

Under Tackle（FOB 吊钩下交付）。

9. 如果卖方不愿意承担卸货费用，可选用哪几种术语变形？

答：可以选用 CFR Ex Ship's Hold（CFR 舱底交付）或者 CIF Ex Ship's Hold（CIF 舱底交付）。

10. 指出 FCA、CPT 和 CIP 三种贸易术语之间的联系和区别。

答：(1) 联系（相同点）：① 都适用于各种运输方式；② 交货地点都在出口国国内的任意地点；③ 风险划分都以货交承运人为界；④ 单据、出口证件、装运通知单等单证都由卖方提供；⑤ 出口手续都由卖方负责办理。(2) 区别（不同点）：① 办理运输的责任不同：FCA 由买方办理，CPT 和 CIP 由卖方办理；② 办理保险的责任不同：FCA 和 CPT 由买方办理，CIP 由卖方办理；③ 贸易术语后面地点的含义不同：FCA 为装运地，CPT 和 CIP 是目的地；④ 贸易术语的价格构成不同：FCA 不包含运费和保险费，CPT 包含运费但不包含保险费，CIP 既包含运费又包含保险费。

11. 指出 FOB、CFR、CIF 三种常用贸易术语与 FCA、CPT、CIP 之间的不同之处。

答：上述两组贸易术语之间的主要差别是：(1) 前者只适用于水上运输，而后者适用于任何运输方式；(2) 前者的装运地点和到货地点必须分别是装运港和目的港，而后者的装运地和目的地可以是任何地点，不一定是港口；(3) 前者的买卖双方风险的划分以装运港载货船舶的船舷为界，而后者双方风险的划分以"货交承运人"为界；(4) 前者使用的运输单据一般为海运提单，而后者使用的运输单据可能是提单，也可能是多式联运单据等。

12. 某批货物从武汉用船舶运到上海、从上海用海轮运到德国不来梅（Bremen）、再从不来梅用火车运抵匈牙利的布达佩斯（Budapest）。货物因为铁路运输部门（第三承运人）的过失发生了损失，收货人是否可以直接去找铁路部门索赔？为什么？

答：不能，因为铁路运输部门并不是与托运人签订运输合同的人，托运人没有权利直接向铁路部门索赔。另外，上述运输方式属于典型的多式联运，它是由与托运人签订全程运输合同的第一承运人全权负责将托运货物从头负责到底的。因此，此时托运人只需要向第一承运人索赔即可。

13. 简述 DAF 术语的含义及其适用范围。

答：(1) 含义：卖方在规定的时间将货物运到指定的交货地点，完成出口清关手续，并将货物置于买方的控制之下，即完成了交货；买方负责在边境受领货物，办理进口手续，并承担受领货物后的风险、责任和费用。(2) 适用范围：它一般适用于相邻两国的进出口贸易。

14. 比较 CIF 和 DES 的区别。

答：(1) 相同点：① 都适用于水上运输方式；② 都由卖方租船订舱、支付运杂费、办理货运保险和支付保险费；③ 卖方的费用都支付到目的港船上为止。(2) 区别：① 交货地点不同：CIF 在装运港船上，而 DES 在目的港船上；② 风险划分的界限不同：CIF 以装运港船舷为界，而 DES 以货物交给买方控制为界；③ 交货方式不同：CIF 属于象征性交货，而 DES 属于实际交货。

15. 在 FOB、CFR 和 CIF 条件下，发货、装运时间与交货时间正好吻合；在 DES 和 DDP 条件下，发货时间与交货时间就不是同一个时间，这是为什么？

答：因为 FOB 等贸易术语属于象征性交货方式，卖方只要将合同货物在装运港装上载货船舶，使货物越过装运港船舷，就算完成了交货义务，装运的同时就是交货，所以装运时间与交货时间是一致的；而 DES 等贸易术语属于实际交货方式，卖方把合同货物仅仅装上船或者仅仅发运并不意味着"交货"，卖方必须还要负责把货物安全地运抵目的港或目的地，并且履行完相关的手续，将货物交付给买方或者买方指定的人以后，卖方才算完成了交货的义务。因此，在 DES 等实际交货的贸易术语下，卖方发运货物的时间在先，向买方交货的时间在后。

16. 指出 DDU 与 DDP 的区别。

答：二者的区别在于：DDU 是未完税交货，在 DDU 贸易术语下，货物在进口国的进口证件、进口通关手续等均由买方自己办理，进口关税和费用也都由买方支付；DDP 是完税后交货，在 DDP 贸易术语下，货物在进口国的进口证件、进口通关手续等均由卖方办理，进口关税和费用也都由卖方支付。

17. 什么是"象征性交货"和"实际交货"？它们各自的特点有哪些？

答：（1）象征性交货，是指卖方只要在规定的时间和地点完成装运，并及时向买方提交了合同规定的相关单据（如提单、发票等），就算完成了交货义务，而无须保证将货物运到目的地。象征性交货的主要特点：① 交货与收货并不同时发生；② 货交承运人或者承运人的代理，卖方并不是直接把货物交给买方；③ 交单代替交货；④ 只规定装运期限，不规定严格的到货期限；⑤ 风险转移与买方接收货物不同时发生。（2）实际交货，是指卖方必须在规定的时间和地点，将符合合同规定的货物提交给买方或买方指定的人，而不能以交单代替交货。实际交货的主要特点：① 交货与收货同时发生；② 货物直接交给买方或买方指定的人，不再是交给承运人；③ 不限定装运期限,而限定到货期限;④ 风险转移与买方接受货物同时发生。

18. 什么是"装运合同"？它与"到达合同"有什么区别？

答:(1)装运合同是指按"卖方在出口国国内完成交货义务"的贸易术语所签订的买卖合同。(2)到达合同是指按"卖方在两国边境或进口国国内完成交货义务"的贸易术语签订的买卖合同。(3)二者的主要区别:除了上述的交货地点不同以外,还有一点就是:在装运合同的8种贸易术语里,除了EXW一个贸易术语属于实际交货方式以外,其余7种都属于象征性交货方式。到达合同的5种贸易术语全部都是实际交货方式。

19. 如何确定国际贸易合同的性质？确定合同性质有什么意义？

答:贸易合同的性质就是指判定某份买卖合同到底是属于"装运合同"还是属于"到达合同"。确定买卖合同性质的关键是看它们是属于象征性交货还是属于实际交货。确定买卖合同的性质有助于使买卖双方的责任、费用和风险划分更加明确。

20. 为什么很多专家和学者不同意把CIF价格叫做"到岸价"？

答:很多专家和学者反对把CIF价格叫做"到岸价"的理由主要是:虽然从"卖方承担费用"的角度看,成本、运费、保险费等确实都由卖方一直付到指定目的港;可是,CIF属于象征性交货方式,如果从"货运风险责任"上划分,卖方仍然是在装运港载货船舶的船上完成交货义务的,也就是说,货物只要在装运港越过了船舷,货物如果发生了风险损失,就应该由买方承担。因此,从"货运风险"的角度考虑,把CIF价格叫做"到岸价"的说法就不严密。DES价格属于实际交货方式,在DES术语下,卖方不仅支付了买卖货物直到指定目的港为止的全部费用,而且同时还要承担货物在目的港船上交给买方控制以前的全部风险损失。所以，按照这些专家和学者们的观点，只有把 DES 价格叫做"到岸价"才是合情合理的。

案例分析题

1. A 出口公司按照两份买卖合同规定的时间和地点，将合计 9 000MT（公吨）散装玉米装船，其中的 5 000MT 属于卖给 B 的玉米，4 000MT 是卖给 C 的，并打算在货抵目的港后由船公司分拨，使用的贸易术语都是 CFR。A 装船后及时向两家进口商分别发了装船通知。载货船只在途中遇险，使这批货物损失了 5 000MT，其余 4 000MT 安全抵达目的港。B 要求 A 交货，A 宣称卖给 B 的 5 000 MT 玉米已经全部灭失，要求 B 去向保险公司提出索赔。问：此案应该如何处理？

答：此案处理方法：5 000MT 货物损失以及 4 000MT 完好的玉米，应由 B、C 两家公司依照各自装运货物的总量按比例分摊。

理由：(1) 9 000MT 玉米在装船时是"混装"的，并没有分开，题目已经说明"打算在货抵目的港以后由船公司分拨"，货损不能断定是 B 或 C 哪一方的，也不能断定 B 损失了多少、C 损失了多少；(2) 两笔买卖都是使用的 CFR 贸易术语，货物越过船舷以后的风险损失都应由买方承担；(3) 卖方在这两笔买卖中（货物发生损失时或之前）并没有过错。

另外，B、C 两家到底应该去向谁办理索赔，保险公司该不该赔、会不会理赔等，都不是本案例所涉及的问题。

2. 甲国 A 公司与乙国 B 公司签订了一份购买乙国大米的合同。合同规定，交货条件为 FOB 乙国某港口，目的港为沙特阿拉伯某港口；买方保证将此合同项下的乙国大米运往沙特阿拉伯销售，不得转销其他地区。此后不久，卖方获悉买方将此批大米转销给了以色列 C 公司。卖方遂要求买方提供将大米运往沙特阿拉伯的保函，或者将交易条件改为 CIF 或 CFR。买方否认有转销的事实，并提出"按国际惯例，FOB 条款意味着目的地不受限制"，拒绝开立保函或修改贸易术语。卖方于是通知买方解除合同，买方则坚持要求卖方执行合同，并依据合同规定向仲裁机构申请仲裁。问：此案应该如何处理？并说明理由。

答：仲裁庭应该判买卖双方解除合同。

理由：买方构成重大违约，因为：(1) 买方先前承诺了不将此合同项下的大米转销其他地区，而后买方又拒绝向卖方提交将该批大米运往沙特阿拉伯的保函，实为违约；(2) 卖方在买方第一次违约时又提出新的补救措施：将交易条件改为 CIF 或 CFR，又遭到买方的拒绝，买方进一步违约；(3) "按国际惯例，FOB 条款意味着目的地不受限制"的理由不能成立，因为买卖合同中"不得转销其他地区"的条款实际上已经将该惯例排除了。

另外，卖方在仲裁时不能指控买方将大米转销给了以色列 C 公司，因为从题目中给定的条件判断，卖方并不能出具确凿的证据。否则，会使卖方在仲裁庭上处于不利的地位。

3. 有一份 CIF 合同，某公司出口 50MT 食品给另一国某公司。货物在装运港口装船时，经公证行检验完全符合销售品质，并出具了合格证明。但该批货物运抵目的港时已经全部腐烂变质，不适合人类食用。买方拒绝收货，并要求卖方退回已经付清的货款。按照上述情况，买方是否有权拒绝收货和要求卖方退回货款？为什么？

答：买方完全有权拒绝收货并要求卖方退回货款。

理由：(1) 货物一般都是具有保质期限的，合同规定了保质期，就要按合同规定来实施；即使合同没有规定保质期，按照国际惯例，至少也应该保证货到目的地 60 天以内不变质。本批货物在到港之前就腐烂变质了，说明货物本身的品质存在着严重的问题。(2) 公证行的检验合格证明的"权威性"不能超越事实真相，而且，公证行的检验也会有作假或失误的可能性。(3) 按照相关法律和惯例，货物品质属于买卖合同的要件（condition），如果一方违反要件，另一方就有权单方面撤销合同，同时提出损害赔偿要求。

另外，(1)"违约"与"风险损失"并不是一回事，前者是指一方当事人的过错给对方造成的损害，而后者却是在双方均无过错的前提下，因为某些意外事件造成的货物损失。因此，此案例不能简单地以"买卖双方的风险责任应以装运港船舷为界"来判定"买方无权拒绝收货、也无权要求卖方退回货款"。(2) 题目给定的条件中并没有提及"海上长时间高温气候"、"冷藏设备停电或损坏"、"货物在运输途中因遭遇海盗劫掠或当局扣押而延误交付时间"等因素，因此，分析此案时只能"就事论事"，不能任意地无限遐想。

4. 某进口公司按"USD240.00/MT FOB Vessel New Orleans"（美国新奥尔良）的价格进口 200MT 钢材。买方如期开出总金额为 USD48 000.00 的信用证，但美国出口商来电要求将信用证金额增加到 USD50 000.00，否则，有关出口捐税以及出口签证费用应由买方另行支付。问：美方的要求有无道理？为什么？

答：美方的要求具有一定的道理。

理由：买卖合同中并没有明确规定贸易术语到底适用哪一个版本的"惯例"，此时，美方具有足够的理由声称他们适用的是《1941年美国对外贸易定义修订本》。按照这一惯例，货物的出口国证件、出口通关手续和费用等都是由买方自己办理、自己支付的。即使卖方应买方要求，代替买方办理上述事宜，其费用也应该由买方承担。

另外，2 000 美元的数目并不是此案所要关注的核心问题。再者,美国是世界上最发达的国家,其物价水平也很高;买方是美国以外的居民,对于美国当地的相关费用水平也一时难以了解;2 000美元对于一笔跨国交易,对于一个国际企业,也不是一笔很大的数目,没有必要去为此"讨价还价"。

第二章

买卖合同的标的

思考题

1. 品质条款在合同中的法律地位如何？约定品质条款应注意哪些事项？

答：买卖合同中的商品品质条款在西方法律中属于"要件"的范畴。如果品质不符合合同规定，买方有权要求修理、交付替代货物，甚至拒收货物、撤销合同，并且同时要求损害赔偿。制定品质条款应该注意的事项：（1）正确选择表示品质的方法。能够用指标说明的商品，就规定按规格、等级或标准买卖，难以说明的就规定凭样品买卖，名优产品就凭商标品牌买卖，电器、仪表等就凭说明书买卖。（2）合理确定品质的条件。品质条件能够定高，就不要定得太低，以免卖不出好价钱；不能定高就不要勉为其难，以免日后引起不必要的麻烦和损失。(3) 注意品质条款的灵活性。有些产品的品质指标难以做到百分之百，就合理规定一个机动幅度，最高或最低的上下极限等，避免因品质条款定得过于绝对、没有弹性而让对方钻空子。

2. 如果合同没有约定溢短装条款，卖方能否多装或少装？

答：如果按照 UCP600 的规定，如果信用证没有规定允许或不允许多装或少装信用证规定的货物数量，则视为"允许受益人多装或少装合同货物"；但是，如果买卖合同中没有规定"溢短装条款"，按照有些国家的合同法规定，视为"不允许卖方多装或少装合同货物"。所以，为了避免引起不必要的争议，在买卖合同事先没有明确规定"允许溢短装"的前提下，卖方一般不要多装或少装合同规定的数量，以免事后引起纠纷和麻烦。

3. 何谓"中性包装"？在国际贸易中，为什么会出现中性包装？

答：中性包装（Neutral Packing），是指那些在商品的包装上，特别是在商品的销售包装上，既不标明生产国别、地名和厂商的名称，也不标明商标或牌号的做法。中性包装又分为"定牌中性包装"和"无牌中性包装"两种。在国际贸易中使用中性包装主要有两个作用：(1) 打破某些进口国家的关税和非关税壁垒；(2) 便于进口商重新加工或包装商品，以提高商品的档次、售价和数量。

4. 理解"定牌"的含义及做法。

答：定牌中性包装，是指包装上仅有买方指定的商标或品牌，但无生产地名和出口厂商的名称。"定牌"又叫"贴牌"（OEM，Original Equipment Makers），是指卖方按买方要求，在其出售的商品或包装上标明买方指定的商标或品牌。中性包装的主要做法：(1) 定牌中性包装。在商品的包装上只印刷买方指定的商标品牌，但不注明生产厂家和生产国名；(2) 在商品和包装上，既标明我国的商标或品牌,也加注外商的名称及其商号标记;(3)采用买方的商标或品牌的同时,标明"中国制造"。

计算题

1. 某公司出口水产品10公吨。合同规定为纸箱包装,每箱净重为40磅,总数量可以有5%的机动幅度。问:该批货物最多能装多少箱?最少应装多少箱?在合同金额也可以有5%的增减幅度的情况下,且原合同金额为USD100 000.00。问:这批货款金额最多应为多少?最少应为多少?

答:(1)每箱净重折合公斤数:

$$40 \times 0.454 = 18.16 \text{ (kg)}$$

(2)最多可装箱数:

$$10\ 000 \times (1+5\%) \div 18.16$$
$$\approx 578.19 = 578 \text{ (CTNS)}$$

(3)最少可装箱数:

$$10\ 000 \times (1-5\%) \div 18.16$$
$$\approx 523.13 = 524 \text{ (CTNS)}$$

(4)最大金额应为:

$$100\ 000 \times (1+5\%)$$
$$= \text{USD}105\ 000.00$$

(5)最小金额应为:

$$100\ 000 \times (1-5\%)$$
$$= \text{USD}95\ 000.00$$

2. 已知:1海里(nautic mile)≈1.852公里(kilometre),1英里(mile)≈1.609公里。问:1海里约合多少英里?

答:1.852÷1.609≈1.151(英里)

3. 温度的计量，中国采用摄氏温度计（Centigrade），而美国却采用华氏温度计（Fahrenheit）。已知，当气温在 0℃ 时，华氏为 32℉；当气温达到 100℃ 时，华氏为 212℉。试填制下表：

表1　摄氏度与华氏度的换算

项　目	摄氏度	华氏度
(1)	35℃	
(2)		5℉
(3)	−10℃	

答：(1) 1℃ = ?℉：

$$32 + N \times \frac{212-32}{100} = 32 + 1.8N$$

（N=1, 2, 3, …）

(2) 1℉ = ?℃：

$$\frac{M-32}{1.8} \quad (M=1, 2, 3, \cdots, ℉)$$

(3) 35℃ = ?℉：

$$32 + 1.8N = 32 + 1.8 \times 35 = 95℉$$

(4) 5℉ = ?℃：

$$\frac{M-32}{1.8} = \frac{5-32}{1.8} = -15℃$$

(5) −10℃ = ?℉：

$$32 + 1.8N = 32 - 18 = 14℉$$

案例分析题

1. 甲国 A 公司向乙国 B 公司出口一批高档瓷器，凭卖方样品成交。合同规定，如果出现质量问题，买方在货到目的港 60 日内索赔有效。货到经复验后，买方并未提出异议。但时隔一年，买方来电称,这批瓷器全部釉裂,买方据此提出索赔 60% 的原货款价值。随后,卖方查验自己留存的样品,也发现了釉下裂纹。问:卖方应该如何处理这种情况?

答:该案例可以从两种不同的角度来分析:(1) 如果仅从买卖合同规定的索赔期限去考虑,卖方完全可以拒绝理赔,原因很简单:时间已经过去了一年多,早就超过了合同规定的索赔期限;(2) 如果从情理和商业道德的角度去考虑,卖方应该适当给予买方一定金额的理赔,因为:高档瓷器釉下裂纹是客观存在的事实,而且,高档瓷器的正常保值期限绝不会仅仅只有一年时间。这足以说明卖方提交的货物质量具有重大缺陷,按照情理应予赔偿。至于赔偿的数额,卖方可以根据瓷器釉裂损失的程度,与买方另行协商解决,不一定完全答应按原价 60% 的要求。

2. 卖方 A 与买方 B 签订了一份买卖工作手套(库存货)1万打的合同,订明规格"按样品"。样品是单只手套。货到目的港后,B 认为 A 所交手套品质有缺陷,要求换货和赔偿损失;A 认为他所交的货物没有缺陷而拒绝了 B 的要求。B 提请仲裁,仲裁庭经过调查后认为,A 所交付的货物确实与样品不完全相符。样品是单只的手套,而 A 所交付的则是有线连在一起的成双手套;样品的缝口有比较牢固的回针,而交付的手套的缝口回针不够,有的仅回了一针,不够牢固,而且是把缝线头作为两只手套的连接带将两只手套连成一副的。一旦把连接带撕断或剪断,将一副手套分开,裂口容易开线。根据仲裁咨询专家的意见和仲裁庭的判断,所交付的手套的价值比样品低 12%。A 应对此承担责任,并赔偿 B 的损失。你认为仲裁庭的裁决正确与否,为什么?

答:仲裁庭的裁决不正确。理由:(1)"库存货"的含义主要包括:① 商品品质具有一定程度的缺陷,② 售价大大低于同类的订单货物。而且,惯例上通常有"打折商品一经售出概不退换"的说法;

(2) 手套历来都是成双连接出售的，从来没有过单只销售的先例，所谓"样品是单只，大货也必须是单只"的思维可笑且不合实际；

(3) 缝口回针的数量，大货少于样品的针数，即使依据"大货品质与约定样品品质不符"为由索赔，其赔偿的幅度最多也不应该超过原价的3%，因为除了上述理由以外，还有一点就是，手套的回针都在袖口处，并不会在手套的手掌或指缝之间等处回针。而手套在使用时，袖口不需要承受任何力量，因此，回针少并不太可能会较大程度地降低工人的正常使用效果，或者较大程度地缩短手套的正常使用寿命。

3. A国某公司与上海某自行车厂洽谈进口业务，打算从中国进口"凤凰"（Phoenix）牌自行车1 000辆，但要求卖方改用"剑"（Sword）牌商标，并在包装上不得注明"Made in China"字样。问：(1) 卖方是否可以接受？(2) 卖方在处理此类业务时，应该注意什么问题？

答：(1) 卖方可以从两个方面去考虑和决策：① 如果此时的"凤凰"牌自行车已是品牌商品，已经在国际市场上打开了销路，卖方就应该对买方的要求予以拒绝。② 如果此时卖方的自行车还没有在国际市场上打开销路，销售的状况不太好，卖方就可以考虑接受买方"贴牌"的要求。(2) 处理此业务应该注意两点：① 我们在使用买方指定的商标出口商品时，一定要注意在合同上注明诸如"此商标系由买方提供，由此引起的一切不良后果概由买方自己承担"一类条款，防止造成商标侵权，招致国际官司的不良后果；② 防止"贴牌"影响和阻碍自己商标的商品在国际市场上的销售，帮助买方使用自己的产品去打压和驱逐甚至垄断自己的品牌。

4. A国Moore公司以CIF London的条件，从B国Langton公司购买9 000听（tin）水果罐头。合同的包装条款规定为箱装，每箱24听。但在卖方所交付的货物中,只有150箱为每箱24听装,其余箱数为每箱36听装。买方拒收全部货物,卖方争辩说,"每箱24听"字样并非合同的主要条款。不论是24听还是36听,其品质均与合同规定相符,因此买方应该接收该批货物。问:(1)认为卖方争辩的理由是否成立,为什么?(2)如果你是法官,你将如何裁决此案?

答:(1)卖方争辩的理由应该成立。理由:包装条款不应属于合同的"要件",因此,卖方仅构成轻微违约,买方对此只能要求损害赔偿,而无权单方面撤销合同。(2)法官应该判决买方接收此批货物,同时,判决买方更换包装的全部费用以及由此引起的其他相关损失皆由卖方承担。

另外,"把货物运回来再装运替代货物"的方法不可取,货物在国际间长途往返运输的运费过高,进关、出关、退关的手续太复杂,费用太大,来回花费的时间太漫长,这样,整体成本将会远远高于"由买方自己更换包装、由卖方承担全部费用"的做法。

第三章

国际货物运输

思考题

1. 国际货物运输主要有哪些运输方式?

答：按大类分，国际货物运输主要有水上运输、陆上运输、航空运输、邮政运输和管道运输 5 类；按小类分，主要有海洋运输、铁路运输、航空运输、联合运输以及国际多式联运等。

2. 什么是班轮运输？它有哪些优点？(参看第一章的"FOB 班轮条件") 其运费如何计算？

答：第一、二两问参见第一章中思考题第 6 题的答案。班轮运输的运费通常分别根据货物的类别和等级，按照基本运费费率和运费附加费率，按照货物数量或者货物价值的多少来计算。基本运费费率保持相对固定，而运费附加费率则会根据国际油价、季节、货币汇率、国际和区域政治经济形势等因素随时作出相应的调整。

3. 什么是租船运输？它是如何分类的？

答：租船运输又叫"不定期船运输"。是指船舶没有固定的航线、没有固定的港口、没有预定和固定的船期表、没有固定的运价表，船东将整条船舶出租给承租人使用，双方按照商定的运价收取运费的运输方式。租船运输按照船舶的经营管理权责、租金的计收方式等因素划分，主要分为四类：定程租船、定期租船、光船租船和航次期租。

4. 什么是部分装运、分期装运和转运？如果合同并未规定部分装运和转运，在实际业务中能否作部分装运和转运处理？在规定"允许部分装运和转运"的条件下，受益人（卖方）是否可以因此而超过货物的装运期限和信用证的截止日期，为什么？

答："部分装运"就是指将一份合同项下的货物分数批、用不同的运载工具装运至目的地的行为。特别是指买卖合同及/或信用证没有具体限定部分装运的日程表的情况。

"分期装运"是指将买卖合同及/或信用证项下的货物严格按照该合同及/或信用证规定的装运"日程表"分期分批装运的行为。

"转运"就是指同一批货物在从装运地运抵目的地的途中，将货物从一个运输工具上卸下来、再装上另一个运输工具继续运输的行为。

按照国际惯例（如 UCP600），如果买卖合同或信用证中没有明确规定合同货物是否允许转运，则一般视为"允许转运"。

虽然按照某些国际惯例（如 UCP600），买卖合同或信用证没有明确规定货物是否可以将部分装运视为"允许部分装运"，但是按照另外一些国家的合同法或惯例，却又视为"不允许部分装运"。可见，国际上对此的观点和做法并不一致。所以，为了避免引起争议和麻烦，当买卖合同或相关信用证没有明确规定是否允许部分装运货物的时候，卖方一般不要擅自进行部分装运为好。

即使信用证允许部分装运和转运,受益人也不能在信用证规定的装运期限和信用证的截止日期以外装运货物,因为即使信用证允许部分装运和转运,也没有改变信用证规定的装运期限。

5. 什么是海运提单?它的性质和作用是什么?

答:海运提单简称"提单",它是承运人签发给托运人,表明承运人收到了托运人交付的某批托运货物,并承诺将在指定的目的港凭此文件将承运的货物交付给收货人的书面证明文件。

提单的性质和作用主要有三点:(1)货物收据。表明该提单的签发人(承运人或承运人的代理)正式收到了托运人交付的提单上所列明的托运货物。(2)运输合同的证明。证明承运人和托运人之间就某批货物运输所产生的各自的权利和义务。(3)物权凭证。除特殊情况以外,提单的善意持有人,可以而且必须凭以在目的港向承运人或承运人代理提取货物。

6. 什么是海运单?它有哪些特点?海运单与海运提单最大的区别是什么?

答:海运单是承运人或代理向托运人签发的表明他已经收到托运人的货物并拟将该货物运往指定目的港、直接交给指定收货人的凭证。

海运单的特点:① 海运单不能代表货物的所有权,不能凭以提货。海运单只具备"货物收据"和"运输合同证明"的性质,它不代表货物的所有权,不能用于提货。② 海运单不能流通转让。海运单不能代表物权,它不是有价证券,当然无法转让。

海运单与海运提单最大的区别就在于:海运提单是物权凭证,收货人必须凭提单才能向承运人提取货物;而海运单不是物权凭证,承运人会在目的港直接把货物交付给收货人,并不需要凭海运单提取。

7. 国际铁路联运运单、空运运单、邮政收据、特快专递收据等运输单据的性质和作用主要有哪些？它们与海运提单最大的区别是什么？

答：国际铁路联运运单，还有空运运单、邮政收据和特快专递收据等运输单据的性质和作用都只有两条：都只是运输合同证明和货物收据。它们和海运单一样，与海运提单之间最大的区别就是：它们都不能代表货物的所有权，不能用于在目的港（地）向承运人或其代理人提取货物。

8. 多式联运单据和联运提单的主要区别是什么？

答：二者的主要区别是：（1）多式联运单据涵盖两种或两种以上任意的运输方式，而联运提单则仅包含两种运输方式，而且其中必有一种为海运；（2）多式联运单据多由多式联运的经营人签发，而联运提单多由轮船公司或其代理人签发。

9. 规定买卖合同的装运期时，主要应该注意什么问题？

答：规定装运期的注意事项主要有：（1）充分考虑货源情况；（2）装运期规定明确、具体、规范；（3）装运期长短要适度；（4）装运期不能定得太死；（5）装运期尽量避开大型节假日。

10. （1）提货担保（Shipping Guarantee）与信托收据（Trust Receipt）二者之间到底是怎样一回事？

答：通俗地说，"信托收据"就是买方向银行借取提货单据时打的一纸借条。"提货担保"则一般是银行出面替收货人向承运人出具担保：请他们在收货人没有提单的情况下，先把货物让收货人"借走"，以后再拿提单去换回担保函。万一以后收货人拿不出提单，其后果由担保银行承担。担保一般由银行出面担保的情况比较多，因为商业企业的信用等级太低，船公司大多不会接受。

(2) 提货担保与信托收据适用于什么情况？它们的使用与航程、支付方式等是否具有某种关联？

答：提货担保适用于航程较短的运输，货物比单据先到的情况；而信托收据则与航程长短没有多大关系，"信托收据"一般是在"托收"的"远期付款交单"支付方式下使用得比较多。但在信用证方式下，买方通常都是事先向开证行交了押金的，而且在中国的押金通常为货款的100%。这样，即使是在远期信用证方式下，买方在银行付款之前凭提单去提货也没有开"信托收据"的必要，因为已经办理了财产抵押。

(3) 提货担保与信托收据的流程各是什么？

答：① 提货担保流程：银行向承运人开具保函→买方向承运人借货→单据到达银行→买方付款赎单→买方用提单向承运人赎回保函→买方将保函退还给银行。② 信托收据流程：货物运抵目的港→买方向银行开具信托收据→买方向银行借出提单→买方凭提单向承运人提货→付款期限到期→买方付款赎单→银行向买方退还信托收据。

计算题

1. 某货轮从上海装运 10MT/11m³ 蛋制品去 Portsmouth（英国普茨茅斯）港，由于要求直航。查运价表得知，蛋制品为 W/M12 级，基本费率为 USD116/FT，直航附加费 USD18.00/FT，燃油附加费为35%。全部运费应为多少？

答：(1) 基本运费：116×11＝USD1 276.00

(2) 直航附加费：18×11＝USD198.00

(3) 燃油附加费：1 276×35%＝USD446.60

(4) 总运费：1 276＋198＋446.60＝USD1 920.60

2. 某批出口货物毛重 19.6MT，体积 14.892m³，由厦门装船经香港转运至 Vancouver（加拿大温哥华）。经查，厦门至香港，计费标准为 W/M8 级，基本费率为 USD10.00/FT；香港至 Vancouver 的计算标准也为 W/M8 级，基本费率为 USD30.00/FT，另加收香港中转费 USD13.00/FT。试计算该批货物的总运费。

答：(1) 基本运费：19.6×(10+30)＝USD784.00

(2) 中转费：19.60×13＝USD254.80

(3) 总运费：784.00+254.80＝USD1 038.80

3. 某公司出口一批货物共计 2 640 件，总重量为 37.800MT，总体积为 148.486m³，由船公司装了一个 TEU 和两个 FEU 集装箱，从上海装船直达至 Rotterdam 港口，基本运费费率分别为 USD1 500.00/20′FCL 和 USD2 800.00/40′FCL。燃油附加费费率是 USD120.00/20′FCL 和 USD200.00/40′FCL。试计算：(1) 该批货物的总运费应是多少？(2) 该批货物原报价为"USD24.00/PC FOB Shanghai"，问：如改报"CFR Rotterdam"，应报价多少？

答：(1) 基本运费：1 500+2 800×2＝USD7 100.00

(2) 燃油附加费：120+200×2＝USD520.00

(3) 总运费：7 100+520＝USD7 620.00

(4) 平均每件分摊运费：7 620÷2 640≈USD2.89

(5) CFR 应该报价：CFR＝FOB+运费
　　　　　　　　　＝24+2.89＝USD26.89/PC

4. 从上海装运 300 箱胶木制品经马六甲（Melaka）转运至尼日利亚的拉各斯（Lagos）。货物毛重 8 000kg，体积 28m³，计费标准 M10 级，上海—拉各斯的基本运费为 USD70.00/FT，BAF20%，转船附加费 USD10.00/FT，CAF5%。问：这批货物的总运费应是多少?

答:(1) 基本运费:70×28＝USD1 960.00

(2) 燃油附加费:1 960×20％＝USD392.00

(3) 转船附加费:10×28＝USD280.00

(4) 货币贬值附加费:(1 960＋392＋280)×5％＝USD131.60

(5) 总运费:1 960＋392＋280＋131.60＝USD2 763.60

5. 某批出口货物的纸箱(外包装)长宽高尺寸分别为 46×30.5×38cm。每箱毛重为 32kg。如果一个 FEU 的内径长宽高尺寸分别为 12.04×2.35×2.38m,最大载重量为 27M/T;一个 TEU 的内径长宽高尺寸为 5.92×2.34×2.39m,最大载重量为 22M/T。问:(1)此批货物是否适合装 FEU,为什么?(答案:34.944MT＞27MT,不适合,超重了)。(2)如果装一个 TEU,最多可装多少箱?其总重量是多少?(答案:570 箱,18.24MT)

答:(1) 1FEU:

① 1 204÷46＝26 箱

235÷30.5＝7 箱

238÷38＝6 箱

② 26×7×6＝1 092 箱

0.032×1 092＝34.944MT＞27MT

(2) 1TEU:

① 592÷46＝12 箱　　② 592÷30.5＝19 箱

234÷30.5＝7 箱　　　234÷46＝5 箱

239÷38＝6 箱　　　　239÷38＝6 箱

12×7×6＝504 箱　　　19×5×6＝570 箱

0.032×570＝18.24MT＜22MT

案例分析题

1. 信用证规定某批货物共计 300MT，不允许部分装运。受益人某公司于×年 9 月 10 日在大连装航次为"V.028"的"红星"轮 100MT，于×年 9 月 15 日在秦皇岛装同一航次的"红星"轮 100MT，又在×年 9 月 18 日在天津港装同一航次的"红星"轮 100MT，并分别出具上述不同日期、不同地点和不同装运港，但目的港和收货人都相同，且同为信用证规定的港口的 3 套提单。问：银行因此是否会给予拒付？为什么？

答：银行不会因此拒付，因为 UCP600 第 31 条 b 款规定，同一份信用证项下的货物，在不同时间、不同地点的多次装运，即使使用不同的运输单据，只要表明使用了同一个运输工具、显示了相同的目的地，并且将这些运输单据在同一次提交给银行，将不被视为"部分装运"。

2. 国外开来的一份信用证规定："全套、清洁、已装船的海运提单，仅由纽约芝加哥第一银行收"（To the First Chicago Bank only）。问：（1）提单上的收货人应如何填写？（2）提单上的收货人能否将提单再背书转让？（3）这种提单叫什么提单？

答：（1）提单上的"收货人"一栏应填写"To the First Chicago Bank only"；（2）这种提单不能转让；（3）这种提单叫"记名提单"。

3. A 外贸公司通过 X 运输公司将一个 40 英尺集装箱的货物经上海—长滩（Long Beach），运抵美国的内陆城市利沃利亚（Livonia），价格条件：CPT Livonia。双方口头商定，通过美国的小陆桥（Mini-land Bridge）运输，全程包干运杂费 4 000 美元。可是货到不久，美国客户向A公司发来传真称：提单上明明写着"运费已付"（Freight Prepaid），为什么船公司又向他们收取了港口附加费、燃油附加费和集装箱拖运费共计600美元？A公司拿着客户的传真及提单副本去找X公司，X公司告知：（1）提单上没有注明运输包括港口附加费和燃油附加费，附加费当然要另外收取；（2）提单上注明的是"场到场（CY/CY）"，而不是"门到门（D/D）"，但收货人又要求运输公司将集装箱运到他指定的地点。因此，这段从集装箱货运站到收货人仓库的运输属于额外服务，其费用当然也要另外加收。

问：A公司在这次托运中应该吸取哪些深刻教训？

答：A公司的教训主要有：

（1）运输合同中的条款一定要定得清楚明白。例如运输路线的起止地点，应该规定得清清楚楚，而绝不能含含糊糊。只需要"场到场"就可以仅规定"CY/CY"，需要"门到门"或"场到门"就应该规定"D/D"或"CY/D"。

（2）消除含糊其辞的隐患。运费附加费是很多货运代理蒙骗托运人的主要手段之一，他们通常先用"模糊学"报出"低价"把货源弄到手。拿到货物以后又以名目繁多的附加费用再向托运人或收货人加收，反正货物现在在他们手上，如果不付附加费货运代理就扣下货，不怕托运人（收货人）到时候不就范。老练的托运人应该在谈价和确认提单时要求承运人（或货运代理）在运输合同或者提单"运费"栏上白纸黑字地注明"包干运费"（All In）、"此运费已经包含了全部运杂费用"（All the freight and charges have been included）等字眼，力争把漏洞和隐患都一个个地堵死。

（3）在确认之前，认真审核提单填写内容。提单在很大程度上代表运输合同，承运人或代理填写提单内容时经常会在上面加上一些对他们自己有利而很可能对托运人和收货人不利的词句。这就要求托运人在确认提单之前，一定要非常仔细地看整个提单内容，以便及时把一些不公平的条款删去，而绝对不能草草确认，以免日后对自己不利。

4. 国外客户 M 向 B 外贸公司购买了 $1×40'$ 高柜的某种商品卖到巴拿马，FOB 上海，目的港是科隆（Colon）。M 委托 B 公司向某一指定的船公司租船订舱，运杂费由 M 自己支付。B 公司按销售合同在×年 4 月 7 日发运货物。数日之后，M 打电话给 B 公司称："船公司 $1×40'$ 高柜到科隆的运费较 3 月份整整涨了 1 000 美元，涨幅高达 26.32％。我方承担不起，请贵公司帮忙与船公司协商一下，把运费降一点。"B 公司询问客户 M 是否曾与该船公司签订过协议或合同，M 回答说没有。因为彼此是老关系，M 也知道是老运价，只是没有料到 4 月 1 日要涨价。受人之托，B 公司勉为其难地找船公司商量，船公司却坚决不肯优惠。问：M 主要有哪些教训？

答：M 的教训主要有：

（1）托运人理应清楚运费是一个"变量"，它绝不是"常量"。

（2）"老关系"和合同绝不是一码事。合同可以把价格固定下来，而"关系"却不能。

（3）"讨价还价"只能在事发之前有用，而事发之后肯定只会是徒劳。

5. C 外贸公司下岗人员 P 经常打着 Y 运输公司的招牌回 C 公司揽货。因为彼此关系都很熟，C 公司常常将相当数量的出口货物交给 P 去运输，且都用 Y 公司的提单和发票。其间，大家都没有提到要签个协议或合同。突然有一天，国外客户来急电称：C 公司发来的货物在目的港被船公司扣下了，理由是 C 公司欠下 Y 公司大量的运费。C 公司闻讯大吃一惊："这些运费不是早就逐笔按 P 的要求付给 Y 公司了吗？"正当双方准备把 P 找来作证的时候，才发现 P 早在半月以前就销声匿迹了。问：这个案例的主要教训是什么？

答：这个案例的主要教训是：

(1) 国际货物托运一定要找正规的承运人办理，不能轻易相信那些资质等级低、信用水平差的水货公司。

(2) 在经济生活中，自然人和法人不是一回事，自然人不能直接代替法人。特别是在信用等级上，法人不知要比自然人高出多少倍。

(3) 人熟、面善、嘴甜、小恩小惠等因素绝不是风险的避风港，更不能代表合同。我们做经济工作，应该始终注意用合同来规范当事人的权利和义务。

(4) 转付在经济生活中是常有的事情，但转付一定要凭委托人有效的书面凭证，而绝不能仅凭口头授权和信用，以防资金被冒领。转付手续一定要齐全、完备、万无一失，此外，任何熟人都不能替代这一点。

第四章

国际货物运输保险

第四章

思考题

1. 简要介绍在海运货物保险中,保险公司承保的风险损失的主要类别。

答:保险公司承保海运货物风险主要分为两大类:一类为"海上风险",另一类为"外来风险"。"海上风险"又细分为"自然灾害"和"意外事故",而"外来风险"又细分为"一般外来风险"和"特殊外来风险"。

2. 举例说明什么是"实际全损"和"推定全损"。

答:实际全损是指,被保险货物完全灭失或完全变质,已经失去了原有的使用价值。例如,保险标的全部被某国政府没收或者被海盗劫走,再也收不回来了。再如,整批药品全部被海水浸湿了。推定全损是指，保险标的虽然没有全部灭失，但如果进行施救、整理、修复所需的费用，或者上述费用再加上续运至目的地的费用总和，估计要达到甚至超过货物在目的地处于完好状态的价值。例如，某批货物运到目的地的完好价值为 USD50 000.00，货物在转运时不慎掉到海里去了。虽然货物打捞起来后还会有些价值，但打捞费用需要约 USD20 000.00，修理费用估计需要约 USD25 000.00，运输、保管费用约需 USD5 000.00。这种货损实际上和"完全灭失"没有多大差别。

3. 举例说明"施救费用"与"救助费用"的区别。

答：施救费用是指，被保险货物在遭受承保责任范围内的灾害事故时，被保险人或其代理或受让人，为了避免或减少损失，采取各种抢救或防护措施所支付的合理费用。救助费用是指，被保险货物遭受了承保责任范围内的灾害事故，由被保险人或保险人以外的第三者采取了有效的救助措施。救助成功后，由被救方支付给救助人的报酬。

二者的主要区别是：

（1）采取行动的主体不同。"施救费用"是由被保险人或其代理采取行动发生的费用，而"救助费用"是保险人和被保险人以外的第三方采取抢救行动而获得的报酬。

（2）支付报酬的原则不同。"施救费用"无论行动有无效果，保险公司都将给予赔偿；而"救助费用"则有时采取"无效果、无报酬"的原则。

（3）保险人的赔付责任不同。"施救费用"与保险金额本身没有"此消彼长"的"捆绑"关系，它是保险人另外单独赔偿的价值，而保险人对"救助费用"的赔偿是以"不超过获救财产的价值"为限的，也就是说，救助费用与保险标的本身损失的赔偿价值之和，不得超过投保货物的保险金额，而且还要按保险金额与获救的保险标的价值的比例分担责任。

4. 什么叫"共同海损"？共同海损与单独海损的主要区别是什么？

答：共同海损是指，载货船舶在海运途中遇到危及船货的共同危险，船方为了维护船舶和所有货物的共同安全，或者使航程得以继续完成而有意识地采取一些合理措施，造成某些特殊损失或者支付某些额外费用。单独海损是指仅涉及船舶或者货物所有人单方面利益的损失。

二者的区别：(1) 造成损失或费用的原因不同。"单独海损"是由承保风险直接导致的船、货损失，是由于自然灾害、意外事故或其他外来原因造成的损失，如碰撞、偷窃、罢工、战争致损等；而"共同海损"却是指船方为了解除或减轻船、货的共同危险，人为造成的损失或额外费用，如抛货所导致的损失，绕航、进避风港、避难所发生的额外费用等。(2) 承担损失的责任不同。"单独海损"由受损各方自己承担；而"共同海损"则由受益各方按其受益大小的比例分摊。

5. 简要介绍中国海运货物保险条款中的三种基本险别各自承保的风险责任范围，并说明它们之间的相互关系。

答：(1) 平安险承保的责任范围：① 被保险货物在运输途中由于恶劣气候、雷电、海啸、地震、洪水等自然灾害造成的全损或推定全损。② 由于运输工具遭到搁浅、触礁、沉没、互撞、与流冰或其他物体碰撞以及失火、爆炸等意外事故造成保险标的的全部或部分损失。③ 在运输工具已经发生搁浅、触礁、沉没、焚毁等意外事故的情况下，货物在此前后又在海上遭受恶劣气候、雷电、海啸等自然灾害造成的部分损失。④ 货物在装卸或转运时一件或数件落海造成的全部或部分损失。⑤ 被保险人对遭受承保责任内危险的货物采取抢救、防止或减少货损的措施而支付的合理费用。⑥ 运输工具遭遇海难后,在避难港由于卸货所引起的损失以及在中途港、避难港由于卸货、存仓和运送货物所产生的特别费用。⑦ 共同海损的牺牲、分摊和救助费用。⑧ 运输合同中订有"船舶互撞责任"条款的,根据该条款规定,货方应该负担船方的损失。(2) 水渍险的承保责任范围:① 平安险的全部责任。② 被保险货物在运输途中由于恶劣气候、雷电、海啸、地震、洪水等自然灾害造成的部分损失。(3) 一切险的承保责任范围:① 平安险和水渍险的全部责任。② 被保险货物在运输途中由于一般外来原因造成的全部或部分损失,即 11 种"一般附加险"所包含的责任。

上述三种基本险别之间的关系:水渍险包含平安险,一切险包含水渍险和平安险。

6. 如果按照下列险别分别规定买卖合同中的保险条款,哪些是正确的,哪些是错误的,为什么?

(1) 一切险加偷窃提货不着险加包装破裂险。

(2) 平安险加水渍险加战争险。

(3) 水渍险加淡水雨淋险。

(4) 锈损险加舱面险。

(5) 协会货物(B)险加协会货物战争险和协会货物罢工险。

(6) 陆运一切险加短量险。

(7) 平安险加战争险加罢工险。

(8) 协会货物(A)险加协会恶意损害险。

答:(1) ×。理由:一切险里已经包含了偷窃提货不着险和包装破裂险。

(2) ×。理由:一批货物只需要投保一种基本险。

(3) √。理由:基本险加附加险,且水渍险不包含淡水雨淋险。

(4) ×。理由:附加险不能单独投保,只能在先投保了基本险的基础上加保。

(5) √。理由：合情合理。

(6) ×。理由：陆运一切险里已经包含了短量险。

(7) √。理由：基本险加附加险，且平安险里不包含战争险和罢工险。

(8) ×。理由：协会货物（A）险里已经包含了协会恶意损害险。

7. 伦敦保险协会的保险条款主要包括哪些险别，其中，ICC（A）、ICC（B）和 ICC（C）险的承保责任范围与中国保险条款中的平安险、水渍险和一切险大致成什么关系？

答：(1) ICC（A）类似于我国的"一切险"。但 ICC（A）险的责任范围比"一切险"稍大。例如，ICC（A）险包括：① 海盗行为，② 陆上运输工具的倾覆或出轨，③ 被保险人以外的其他人的恶意行为造成的货损以及 ④ 浪击落海等责任，而"一切险"并不包括这些责任。

(2) ICC（B）类似于我国的"水渍险"，但具有以下两点不同：① 在 ICC（B）险下，保险人对浪击落海的货物损失，对河水、湖水进入运输工具所造成的损失予以赔偿，而我国的"水渍险"不赔。② 我国的"水渍险"对货物在装卸时落海或跌落造成的部分损失给予赔偿，但 ICC（B）险不赔。

(3) ICC（C）类似于我国的"平安险"，但其承保的责任范围与平安险略有差别。譬如：① ICC（C）险不负责自然灾害造成的损失和货物在装卸与转运时落海造成的全部或部分损失，而我国的"平安险"却负责赔偿。② ICC（C）对由于陆上运输工具的倾覆或出轨造成的货物损失给予赔偿，而"平安险"却不负责。

8. 简释"仓至仓条款"（W/W）和"水上风险"的大致含义。

答："仓至仓条款"的责任起讫主要包括以下几层含义：(1) 自

被保险货物远离保险单所载明的起运地仓库或储存处开始,包括正常运输,直至保险单所载明的目的地收货人的仓库或储存处为止;(2)或者,在目的港卸离海轮后满 60 天为止;(3)或者,如果货物需要转运至非保险单所载明的目的地,保险从转运开始时终止。

"水上风险"的大致含义包括:(1)以货物装上保险单所载明的起运港的海轮或驳船开始,到卸离保险单所载明的目的港的海轮或驳船为止;(2)如不卸离海轮或驳船,保险责任以海轮到达目的港当天午夜起算满 15 天为止;(3)如果货物中途需要转船,卸离海轮也不得超过 15 天,只有在此期限内装上续运海轮,保险责任才继续有效。

9. "大保单"与"小保单"的主要区别是什么?其法律效力如何?

答:"大保单"是保险单的俗称,是指其背面印有保险公司保险条款的保险单据。而"小保单"或"简式保单"是保险凭证的俗称,其背面没有印刷格式性的保险条款,而是"白板"。但保险凭证的正面格式、内容及其法律效力等与保险单并没有差别,都是相等的。

10. "预约保单"是怎么一回事?

答:预约保单又叫"开口保险单",是保险人对被保险人将要装运的属于约定范围内的一切货物自动承保的,而又没有"总保险金额限制"的预约保险总合同。合同中一般只规定承保货物的范围、险别、费率、保险合同生效期限以及双方当事人的其他相关权利和义务等。在预约保单下,一旦卖方装运货物,卖方或买方立即将相关货物装运的详细资料,如货物名称、总值、船名、航次、装运时间、发票和提单号码等及预约保单的保险合同号码一起书面通知该保险公司,以此作为正式投保和承保。

11. 简释"委付"与"代位权"的大致含义。

答：委付是指，被保险人在保险标的处于推定全损状态时，向保险人声明愿意将保险标的的一切权益，包括财产权以及由此产生的权利与义务，转让给保险人，而要求保险人按照"全损"给予赔偿的行为。

代位权也叫"代位追偿权"，是指在保险业务中，保险人在履行了全损或部分损失的赔偿后，在其赔付的金额内，要求被保险人转让其"对造成损失的第三方责任人要求赔偿全损或部分损失"的权利，以防止被保险人的双重获益。

12. 买卖合同中的保险条款主要包括哪些内容，规定保险条款时应该注意哪些问题？

答：买卖合同中的保险条款主要包括以下内容：（1）约定保险金额。保险金额一般为 CIF 或 CIP 价值的 110%。（2）约定投保的险别。（3）约定投保险别所依据的保险条款。

规定保险条款时应该注意的问题：（1）投保的险别最好事先规定得明确、具体，因为这毕竟涉及合同的价格问题，免得日后买方随意要求投保一些收费特别高昂的特殊险别，搞得卖方提出加价又不好开口、不加价又要蒙受经济损失。（2）如果买方要求投保加成超过了 10%，则卖方在正式签约之前，应该事先征得保险公司的首肯，以免届时保险公司不予承保。

计算题

1. 某批出口货物的 CPT 价值是 USD20 000，如果按 10% 投保加成，投保一切险，费率为 1.5‰，加保战争险和罢工险，费率分别为 0.5‰，问：（1）货物的 CIP 价值应是多少？（2）保险金额应是多少？（3）保险费应是多少？

答：(1) $CIP = \dfrac{CPT}{1-(1+投保加成率)\times 保险费率}$

$= \dfrac{20\,000}{1-(1+10\%)\times(1.5‰+0.5‰\times 2)}$

$= \dfrac{20\,000}{0.99725} = USD20\,055.15$

(2) 保险金额 = CIP + 投保加成

$= 20\,055.15\times(1+10\%)$

$= USD22\,060.67$

(3) 保险费 = 保险金额 × 保险费率

$= 22\,060.67\times 2.5‰ = USD55.15$

$= CIP - CPT$

$= 20\,055.15 - 20\,000 = USD55.15$

2. 某批货物原报价为"at EUR200.00/MT，CIF Amsterdam"，现在客户要求改报 CFR 价格，假设：(1) 原投保加成率为 10%，(2) 保险费率为 3‰，问：该批货物的"CFR Amsterdam"报价应为多少？

答：CFR = CIF × [1 − (1+投保加成率) × 保险费率]

$= 200\times[1-(1+10\%)\times 3‰]$

$= 200\times 0.9967$

$= EUR199.34/MT$

3. 某批进口货物的 FOB 价值为 CHF100 000，假设运费为 CHF2 000，投保水渍险加战争险，费率一共为 2.5‰，问：(1) 如果按不加成投保，保险费应为多少？(2) 如果按货物价值的 10% 加成投保，保险费应是多少？

答：(1) 按不投保加成计算的保险费：

① $CIF = \dfrac{CFR}{1-保险费率} = \dfrac{100\,000+2\,000}{1-2.5‰}$

$$=CHF102\ 255.64$$

② 保险费 = CIF × 保险费率

$$=102\ 255.64 \times 2.5‰ = CHF255.64$$

(2) 按投保加成计算的保险费：

① $CIF = \dfrac{CFR}{1-(1+投保加成率)\times 保险费率}$

$$=\dfrac{100\ 000+2\ 000}{1-(1+10\%)\times 2.5‰}$$

$$=CHF102\ 281.27$$

② 保险金额 = CIF × (1+10%)

$$=102\ 281.27 \times 1.1$$

$$=CHF112\ 509.40$$

③ 保险费 = 保险金额 × 保险费率

$$=112\ 509.40 \times 2.5‰$$

$$=CHF281.27$$

案例分析题

1. 某轮在航行途中因电线走火，致使第三舱内发生火灾，经灭火后统计损失得知，被火烧毁货物价值 USD5 000，因救火被水浸坏的货物损失 USD6 000。船方宣布两项损失皆为共同海损。问：(1) 船方的宣布是否合理？(2) 船方是否应该对被火烧毁的价值 USD5 000 的货物负责，理由是什么？(3) 被水浸坏的货物损失 USD6 000 是属于什么性质的损失，应该由谁负责？

答：(1) 船方的宣布不合理，因为被火烧毁的货物价值 USD5 000 不属于"共同海损"。(2) 船方应该对被火烧毁的价值 USD5 000 的货物负责，理由是船舶在货损发生时或之前就处于一种"不适货"的状态，以致这些隐患造成了货损。(3) 被水浸坏的货物损失 USD6 000 属于"共同海损"，因为它是船方在发生危及船货共同安全时，为了减少损失而临时采取的合理措施，有意、合理地作出的一种特殊牺牲。因此，这部分损失应该由船方、货方以及运费收入方按照各自从该共同海损中获救受益的价值按比例分摊。

2. 某外贸公司按 CIF 术语出口一批货物，装运前已向保险公司投保了平安险。载货船舶在海上遇到暴风雨，致使一部分货物受到水渍，损失价值达 USD3 000。数日以后，该轮船又在航行途中突然触礁，致使该批货物又遭到部分损失，价值达 USD 8 000。问：保险公司对该批货物的损失是否赔偿，为什么？

答：保险公司对遭受水渍的 USD3 000 不应给予赔偿，因为它是属于因自然灾害造成的部分损失，不属于平安险的承保责任范围。但保险公司对因触礁造成的 USD8 000 应该给予赔偿，因为它是属于意外事故造成的部分损失，属于平安险的承保责任范围。

另外，按照平安险承保责任范围的第 3 条规定，货物先因意外事故、随后又因自然灾害（或者反过来），两种原因合并造成的部分损失，在平安险下保险公司应予赔偿。但是：(1) 这前后两个事件必须具备一种"前因后果"的逻辑关系，如果这两个事件完完全全是两个彼此并不沾边的相互独立的事件，由于自然灾害造成的部分损失，保险公司是不会给予赔偿的。(2) 作者认为，在平安险下，如果保险标的先因自然灾害发生了部分损失，后又因意外事故发生了另外的损失，即使这先后两个事件具有因果关系，保险公司也不会对因自然灾害造成的那一部分损失给予赔偿，因为"因果关系"只涉及后面事件的"果"与前面事件的"因"之间的关系，而前面事件的"果"与后面事件的"因"之间是没有办法关联起来的。

3. 某公司出口一批粉状商品，价格条件为 CIF，投保一切险，纸桶包装。货到目的地后，有三分之一的包装损坏，不能继续转运，也不能按此形状出售。客户在收货人仓库里更换了已经损坏的纸桶的包装,花去一批包装费用和人工费用。问:这笔更换包装的费用是否应该由保险公司赔偿,为什么?

答:保险公司对此不应该给予赔偿。理由:虽然更换包装的费用属于一切险的承保责任范围(包装破裂险),但是,被保险人把保险标的搬进收货人的仓库里就超越了保险起讫的范围了,因为按照"仓至仓条款"的规定,货物只要一进入保单上所列明的目的地收货人的仓库或贮存处所,保险责任就立即终止。

4. 某公司按 CIF London 条件向英国某进口商出口一批商品。卖方在规定的期限、指定的装运港装船完毕,获得了船公司签发的清洁提单,并及时向中国财产保险公司投保了一切险,然后到银行提交了单据。数天之后,国外客户来电称,载货海轮在海上失火,合同货物全部被烧毁。客户要求卖方向保险公司提出索赔,否则,就要求卖方退回买方已经支付的全部货款。问:卖方对此该如何处理?为什么?

答:卖方应该做以下事情:(1)及时回复并告知买方,由买方及时向目的港或目的国保险公司的代理办理索赔事宜,因为货物在发生风险损失时已经越过了装运港船舷,卖方此时已经没有了保险利益,卖方无权向保险公司办理索赔;(2)及时通知承保该批货运风险的保险公司,告知他们此货已经遇险,让他们及时与国外被保险人(或保险受让人)联系并处理该批货物的理赔事宜。

其他理由:(1)卖方在此批货物的买卖过程中尽职尽责、没有过错;(2)CIF 是单据买卖,卖方只要出具了合格单据,买方就应照单付款,卖方没有义务保证货物安全到达目的港(其间不发生风险损失);(3)在 CIF 条件下,货运风险以装运港船舷为界。货物在海上失火,按照国际惯例,其损失由买方承担。

5. 某批货物事先投保了一切险。买方在收到货物时,发现这批货物部分严重破损。60天以后,买方凭保险单及货损证明向保险公司提出索赔。保险公司经过调查后得知这种货损是因为船方操作失当,与另一货轮发生碰撞,造成这批货物部分严重破损的,应该属于"第三方责任人"的过失所致,保险公司当即向承运人提出索赔,结果遭到拒绝。问:(1)你认为承运人拒绝理赔的理由可能是什么?数日以后,保险公司凭相关文件又去找承运人索赔,结果又遭到拒绝,理由是,索赔时效已经超过了《提单背面提款》规定的期限。(2)承运人的拒绝有无道理,为什么?(3)如果法院判决承运人不赔,保险公司可不可以也拒绝理赔,为什么?

答:(1)从案例的上下文判断,承运人第一次拒绝理赔的理由是保险公司没有获得被保险人授予的代位追偿权。保险公司在没有授权的前提下,无权直接以"货主"的身份去找第三方责任人索赔损失。(2)承运人的拒绝有道理。因为索赔是具有严格的时间限制的,如果超过了这个时限去索赔,责任人就有权拒赔。(3)承运人不赔,保险公司也无权拒绝理赔。因为:① 货物损失属于保险公司的承保责任范围;② 被保险人向保险公司提出索赔时,并没有超过保险公司以及第三方责任人分别规定的两个索赔时效,被保险人无过错;③ 承运人不赔,那完全是保险公司自己的过失所致——第一次没有经过授权,第二次超过索赔时效。

6. 2004年4月15日,广东富虹油品有限公司从巴西进口了57 750公吨散装大豆,委托"韩进大马"轮承运。装运港是巴西桑托斯港,目的港是中国湛江港。货物装运后,进口人立即向中国平安保险公司投保了货运风险。2004年6月16日,载货货轮抵达湛江。进口人在卸货之前对大豆抽样检测时发现有霉变、受损现象,遂立即通知了保险公司。经过测算,霉变损失共达222万余美元。保险公司对此却拒绝索赔,其理由是:保险公司的免责条款事先就已经用英文写在保险单的背面了。进口人对此向广东省高级人民法院提起诉讼。问：你认为法院应该作出怎样的判决？

答：作者在引进这个案例时，出于"悬念"的考虑，把其中的一个重要程序省略了：进口商先向湛江市中级人民法院起诉，湛江法院认定保险单背面的英文格式性条款具有法律效力，遂一审判决被保险人败诉、判保险公司胜诉。被保险人对此判决不服，随后又向广东省高级人民法院提起上诉，广东省高级人民法院对此的终审判决与湛江市中级人民法院的判决结果截然相反：判被保险人胜诉、判保险公司败诉。广东省高级人民法院据以判决的理由是：投保人和承保人都是中国人，在中国人之间的合同使用英文条款无效。

第五章

价　格

思考题

1. 进出口商品的作价原则是什么？在确定进出口商品价格时主要应考虑哪些因素？

答：定价原则及定价应考虑的因素：(1) 按国际市场的价格水平定价。国际市场的价格水平主要取决于三种形式：① 世界主要产地的价格；② 世界主要消费地的价格；③ 国际市场上某种商品的平均价格水平。(2) 结合销售意图定价：① 如果一家出口企业意在发展、开拓市场，价格就可以定得低一点；如果商品的技术含量较高，且具有一定的垄断性，价格就可以定得适当高一些。② 如果意在与信誉较好的老客户建立长期的贸易合作关系，价格就可以优惠一些；如果是对那种商业信誉较差、对商品的市场开拓前景不看好的客户,则可定得高一些。③ 如果市场需求量大、货源又比较紧缺,价格就可以定得高一些,以免价格过低组织不到货源;如果市场需求量萎缩,而货源却很充足,卖方就要把价格定得低一些,以免造成库存积压。(3) 结合国别、地区政策定价。

2. 举例说明进出口商品的价格是由哪几部分组成的。

答:国际贸易的价格一般由 4 部分组成:计价货币、计量单位、单位价格和贸易术语。例如,Unit price:USD1 500.00 per metric ton CFR Amsterdam. 其中,计价货币:美元;计量单位:每公吨;单位价格:每公吨 1 500 美元;贸易术语:成本加运费,运抵阿姆斯特丹。

3. 如何计算出口商品的"出口退税额"、"出口总成本"以及"出口外汇净收入"?

答:出口退税额=不含税价格×出口退税税率

$$不含税价格 = \frac{含税价格}{1+增值税率}$$

国内出口总成本=国内收购成本+国内费用-出口退税额

出口外汇净收入=外汇总收入-外汇支出

=FOB(FCA)净值

4. 怎样理解"出口换汇成本"和"出口盈亏额"的含义?如何计算这两个指标?怎样计算出口盈亏率?

答:出口换汇成本是指某商品出口净收入一个单位的外汇(通常为美元)需花费多少本币数额的成本。

$$出口换汇成本 = \frac{出口国内总成本(CNY)}{出口外汇净收入(外汇,FOB)}$$

出口盈亏额就是将出口外汇净收入按照收汇时的外汇牌价折算成本币以后,再与该批货物的国内出口总成本相减所得的差额。如果这个差额是正数,就说明这笔生意赚了钱;如果这个差额是零

(0)，就说明这笔生意既不赚也不亏；如果是负数，就说明亏损了。

出口盈亏额（利润）＝出口净收入（折算成 CNY）－出口国内总成本（CNY）

$$出口盈亏率 = \frac{出口外汇净收入折合本币 - 出口国内总成本}{出口国内总成本} \times 100\%$$

$$= \frac{出口盈亏额（利润）}{出口国内总成本} \times 100\%$$

5. 怎样理解"进口原料外汇总支出"、"加工成品出口外汇净收入"和"出口创汇率"？怎样计算这些指标？

答：进口原料外汇总支出＝进口的 FOB 价格＋国外运费＋国外保险费

加工成品出口外汇净收入＝出口的 CIF 价格－国外段运费－国外段保险费

出口创汇率又叫"外汇增值率"，是指在进料加工的前提下，加工成成品出口的外汇净收入与进口原材料的外汇总支出之间的比率。它是用以核算"每花费一个单位的外汇（通常为美元）最终可以扩大多大百分比的外汇收入"的经济指标的，也就是说，它反映的指标是"每一个单位的外汇支出最终带来了多大百分比的外汇收入"。

$$出口创汇率 = \frac{加工成品出口外汇净收入 - 进口原料外汇总支出}{进口原料外汇总支出} \times 100\%$$

6. "佣金"、"折扣"和"净价"的含义是什么？怎样计算它们？

答：佣金是指中间商因向卖方（或买方）介绍生意或代卖代买货物而收取的酬金。

$$含佣价 = \frac{净价}{1 - 佣金率}$$

折扣是指卖方按照原价给予买方一定百分比的减让。

$$含折扣价 = \frac{净价}{1 - 折扣率}$$

7. 举例说明在进出口贸易中，正确选择计价货币的作用和主要做法。

答：在进出口贸易中，选择计价货币的总体原则是：出口尽量选用硬货币，进口尽量选用软货币。现假设：欧洲A公司向美国B公司出口一批货物用欧元计价，总值为EUR100万（签约时折合USD140万）。

（1）使用硬货币使卖方获利：欧洲A公司向美国B公司出口一批货物用欧元计价，总值为EUR100万。参看下表：

表2　使用硬货币使卖方获利举例

时间	合同总值	EUR：USD	总值折合美元	卖方因欧元汇率上升多得
签约时	EUR100万	100：140	USD140万	×
履约时	EUR100万	100：147	USD147万	USD7万

（2）使用软货币使买方获利：反过来，如果美国人在进口签约时要求用美元计价，货款总值为USD140万。参看下表：

表3　使用软货币使买方获利举例

时间	合同总值	EUR：USD	总值折合欧元	买方因美元汇率下跌少付
签约时	USD140万	100：140	EUR100万	×
履约时	USD140万	100：147	EUR95.23万	EUR4.77万

8. 某种商品的工厂成本价是CNY43.43/PC，如果利润率是10%，出厂报价应为多少？如果增值税率为17%，增值税发票的单价应为多少？

答：（1）出厂报价（成本加利润，包含增值税）：43.43÷（1－10%）＝CNY48.26/PC

(2) 增值税发票上的不含税单价：

48.26÷（1+17%）=CNY41.25/PC（一般写为"¥48.26/1.17"）

(3) 理论上的增值税税额：41.25×17%=CNY7.01/PC（参见下一题）

(4) 增值税发票上单价的价税合计：41.25+7.01=CNY48.26/PC

9. 某种帆布的工厂不含税出厂价格是 **CNY13.00/M**，增值税税点是 **5 个**，那出售价格就是 **13×1.05=CNY13.65/M**，这个价格就是包含增值税的，那 **17%** 的增值税呢？

答：这个 5% 的税率不明确，或者是 6.8%，就是 40%×17%（国税局一律按含税价格总额的 40% 部分征税，认定价款的 60% 部分作为原材料成本在先前已经缴纳了增值税，下面的原理类似）；或者是 5.2%（40%×13%，这是对 13% 的增值税率而言的）。但是即便如此，要开增值税发票的话，增值税发票上反映的仍然是上面第 8 题中的写法，这个 5.2%、6.8% 只是国税局向纳税人征税时使用的计算办法，但它并不会反映在增值税发票上面。

另外，"13×1.05"的计算方法在实际工作中会经常这样做，但它不严密，理论上的正确计算方法应该是：13÷（1－5.2%）≈CNY13.71/M，它所表明的是价税合计（即 13.71）的 5.2%，而不是不含税单价（即 13）的 5.2%。

计算题

1. 某出口公司出口某种商品的人民币价格为 CNY3 850.00/MT，现在，国外客户要求用美元报价，已知当天的外汇牌价为 USD：CNY/100：681.53～684.27。问：出口公司应报价多少？

答：出口报价：3 850÷6.8153=USD564.91/MT

第五章
价 格

2. 某公司出口某商品的报价为"USD100.00/PC CFRC3% New York",每件商品的保险费为USD0.28。如果买方要求该出口公司改报"CIFC5% New York"的价格,应报价多少？

答：(1) CFR net=100×（1－3%）=USD97.00

(2) CIF net=97+0.28=USD97.28/PC

(3) CIFC5%=$\dfrac{97.28}{1-5\%}$=USD102.40/PC

3. 某商品出口总成本为CNY6 700.00,出口后的FOB外汇净收入为USD1 200.00。假设美元与人民币的汇价为100∶681.53~684.27,求该商品的出口换汇成本及其盈亏额。

答：

(1) 出口换汇成本=$\dfrac{\text{CNY6 700.00}}{\text{USD1 200.00}}$

$\approx$ CNY5.59/USD1.00

(2) FOB收入折合人民币：

1 200.00×6.8153=CNY8 178.36

(3) 盈亏额=8 178.36－6 700.00=CNY1 478.36

4. 某外贸公司出口一批货物至日本,总价为USD11万,CIFC5 Yokohama,其中,从中国口岸到横滨的运费和保险费共占2%。该批货物的国内收购价为CNY70万（含增值税17%）,该外贸公司的费用定额为国内收购价格的6%,出口退税税率为13%。结汇时的外汇汇率为USD∶CNY/100∶681.53~684.27。试计算这笔出口的换汇成本和盈亏额。

答：(1) 运保费=110 000×2%=USD2 200.00

(2) 佣金=110 000×5%=USD5 500.00

(3) FOB净值=110 000－2 200－5 500=USD102 300.00

(4) 公司费用=700 000×6%=CNY42 000.00

(5) 出口退税额＝700 000÷1.17×13％＝CNY77 777.78

(6) 国内出口总成本
   ＝700 000＋42 000－77 777.78
   ＝CNY664 222.22

(7) 出口换汇成本＝$\dfrac{CNY664\ 222.22}{USD102\ 300.00}$
   ＝CNY6.49/USD1.00

(8) FOB 收入折合美元
   102 300.00×6.8153＝CNY697 205.19

(9) 盈亏额＝697 205.19－664 222.22＝CNY32 982.97

5. 某笔进料加工生意，进口原材料总值为 JPY4 500 000.00，使用的贸易术语是"CIFD2 Wuhan"；出口成品的总值为 EUR65 000.00，使用的贸易术语是"CPTC3％ Jeddah"。如果运杂费用为 EUR 1 250.00，欧元对日元的汇率为：EUR：JPY/1.00：164.46～165.28，问：本笔进料加工生意的外汇增值率是多少？

答：(1) 进口原材料的 CIF net（外汇总支出）：
   4 500 000×（1－2％）＝JPY4 410 000.00

(2) 出口成品的 FCA net（外汇净收入）：
   65 000－1 250－65 000×3％
   ＝65 000－1 250－1 950
   ＝EUR61 800.00

(3) 将日元折合成欧元：
   4 410 000÷164.46＝EUR26 815.03

(4) 外汇增值率＝$\dfrac{61\ 800－26\ 815.03}{26\ 815.03}×100％$
   ≈130.47％

第六章

支 付

思考题

1. 什么是汇票、银行汇票、商业汇票？

答："汇票"是指一个人向另一个人签发的，要求其见票时或在将来的固定时间或可以确定的时间，对某人或其指定的人或持票人支付一定金额的无条件支付命令。

"银行汇票"是指签发人是银行的汇票，而"商业汇票"是指出票人为商业企业或个人的汇票。

2. 简述汇付的性质、作用、方式和弊端。

答：汇付的性质：（1）汇付属于"顺汇"：① 资金流向与支付工具的传递方向相同，二者都是由"付款人"一方流向"收款人"一方的;② 它是进口人或债务人主动向出口人或债权人支付款项的行为,而不是收款人向付款人索要的。(2) 汇付属于商业信用,它是买卖双方互相提供的信用。

汇付方式的作用:(1) 简便、快捷,省却许多烦琐的程序,节约了时间。(2) 避免了银行以及一些国际惯例的束缚和麻烦。(3) 银行费用低廉。

汇付的方式:电汇、信汇、票汇。

汇付方式的弊端:汇付属于商业信用,它没有银行从中担保,生意成败全在买卖双方的信誉。(1) 对于买方的风险在于:买方预付了货款,而最终收不到货物或不能及时收到货物或收到的货物不符合买卖合同的规定。(2) 对于卖方的风险主要在于:卖方装运货物以后,买方不支付或不及时支付余款。

3. 托收的含义、种类和特点各有哪些?采用托收主要应该注意哪些问题?

答:"托收"就是指出口人或债权人将拟向进口人或债务人收取款项的单据连同《托收委托书》一起交给银行,委托银行代其向进口人或债务人收取款项的行为。托收按是否需要随附单据可分为"光票托收"和"跟单托收"两大类。其中,跟单托收又按"交单条件"分为"付款交单"和"承兑交单"两种。而且,付款交单按其"付款期限"又分为"即期付款交单"和"远期付款交单"两种。

托收的性质和特点:(1) 托收一般通过银行办理,故称为"银行托收"。(2) 托收属于逆汇,即资金的流向与支付工具的传递方向相反;而且,托收是债权人或出口人向对方索取款项的行为。(3) 托收属于商业信用,指卖方先向买方装运货物,而后再收取款项,是卖方向买方提供信用的商业行为。银行在托收中只起"受托代办"的作用,不承担任何支付风险。

采用托收主要应该注意的问题:(1) 对于新客户或信誉不好的

客户，不宜使用托收方式。（2）了解有关国家的商业惯例。譬如，拉丁美洲有些国家的法律和习惯是，D/P 远期汇票经承兑后，买方就可以取走单据。（3）托收的货款金额不宜过大。（4）托收尽量使用 D/P 即期。即使不得已使用 D/P 远期，也要尽量保证"先付款后交单"的原则。（5）如果货款金额较大，卖方可要求买方预付部分货款（30%左右），余款用 D/P 即期。

4. 在远期付款交单下，买方凭信托收据借单提货，如果日后他在汇票到期时拒付，收不回货款的责任应由谁承担？

答：买方凭信托收据借单提货，需要分两种情况讨论。（1）买方与代收行私下协商并达成协议：买方凭信托收据先借出单据提货，俟票据付款期限到期后，买方再来付款赎单并收回信托收据。此法纯属买方与代收行之间的私下协议，这个协议与卖方一点关系都没有。如果买方到期不付款赎单，一切后果概由代收行自行承担。（2）卖方明确指示托收行，同意买方凭信托收据向代收行借取提货单据。在这种"D/P·T/R"方式下，万一买方到期不付款赎单，一切后果概由卖方自负。因为银行是在卖方（委托人）的授意下，按照其指示把单据借给买方的，银行只是在"奉命行事"。

5. 远期付款交单和承兑交单的根本区别在哪里？

答：远期付款交单和承兑交单的根本区别在于：在远期付款交单条件下，买方得到单据的前提是他必须首先付清货款，也就是买方只有先付清了货款后才能得到货物。这样，卖方最大的风险也就只是买方到期不付款赎单，不至于既没有收到货款又失去了货物。而在承兑交单条件下，买方仅凭"承兑远期汇票"就能够名正言顺地把单据拿走，这就等于买方不支付货款就能够先把货物提走。万一付款期限到期时买方拒付，卖方就要蒙受"钱货两空"的巨大损失。

6. 信用证的性质、特点和作用是什么？为什么它在国际贸易中被广泛采用？

答：信用证的性质、特点主要体现在以下三点：（1）信用证是一种银行信用。开证行对于受益人承担第一性的付款责任。（2）信用证依据买卖合同，但不受合同条款约束。（3）信用证业务是一种单据买卖。银行只看单据表面是否与信用证条款完全一致，不管实际交货的情况如何。

信用证的主要作用是：（1）保证卖方凭单取得货款。银行的信用等级远比商业企业高，因此，银行的担保使得出口风险大大降低。（2）保证出口商得到外汇保障。有些国家外汇管制较严，买方只要能开出信用证来，就说明当局已经批准该项进口，支付就有了保障。（3）卖方可以获得资金融通。他可以用信用证作抵押，向银行办理"打包贷款"。（4）对于买方的利益也有一定保护作用。信用证是一种有条件的支付承诺，卖方要想得到货款，他就必须不折不扣地按照信用证的各项规定去做，其中最主要的就是交付合同货物并提交相关单据，缺少任何一点都不行。

信用证之所以在国际贸易中被广泛采用，是因为它通过银行信用的介入，在很大程度上减少和降低了买卖双方的交易风险。

7. 信用证条款与买卖合同条款之间有什么关系？

答：信用证是独立于买卖合同之外的自足文件，信用证依据买卖合同，但不受合同条款的约束。在信用证支付方式下，银行是否接受单据、支付货款，他们只看单据是否符合信用证条款的规定，而不会理会单据是否符合买卖合同的条款。另外，我们还可以认为，信用证条款代表买方的意志，信用证中与买卖合同不符的条款就是买方私自变更（单方面修改）的买卖合同条款。如果信用证条款与合同条款不符：（1）受益人（卖方）可以不接受这些条款，通知买方将其修改过来；（2）如果卖方不对此提出异议，则表示卖方默认了这些新的合同条款，即原买卖合同条款就修改为信用证条款了。卖方就只能按照这些条款去履行，才能获得信用证款项。

8. 在 D/P、D/A 和 L/C 三种支付方式中，对于卖方的风险而言，哪一种最大？哪一种最小？为什么？

答：对于卖方的风险而言，在 D/P、D/A 和 L/C 三种支付方式中，D/A（承兑交单）的风险最大、D/P（付款交单）次之、L/C（信用证）最小。因为：（1）承兑交单是商业信用，而且买方只要承兑了远期汇票（而不是付款），他就可以得到单据，而单据通常是物权凭证，也就是说，买方仅凭承兑就可以得到货物。万一买方提走货物以后到期不付款，卖方就要钱货两空。（2）付款交单虽然也是商业信用，但是在正常情况下买方不付款他就取不走单据，因此也就得不到货物。付款交单在通常情况下的主要风险在于：卖方把货物生产出来以后甚至装运以后，买方单方面撤销合同，不付款赎单，从而给卖方造成库存积压。（3）信用证属于银行信用，支付货款由开证行出面担保，只要受益人（卖方）提交单据"单证一致、单单一致"，开证银行不破产倒闭，卖方收回货款就基本上不会出问题。这就为卖方按期收回货款提供了强有力的保障，使卖方的收汇风险大大降低了。

9. 在采用信用证支付方式时，装运期、交单期和信用证的截止日期之间具有什么关系？

答："装运期"是指买卖合同及/或信用证规定的受益人（即卖方）装运货物的期限，"交单期"是信用证规定的受益人向指定银行提交相关单据的期限，而"截止日期"则是指该信用证生效的最后期限。

装运期、交单期和信用证的截止日期之间的关系：信用证一般规定受益人应在装运日期后的 15 天之内（包含第 15 天）向银行提交全套单据。如果信用证没有规定交单期，则按照《跟单信用证统一惯例》（UCP600 第 14 条）的规定，受益人可在装运日期后的 21 天之内（包含第 21 天）向银行交单。交单既要在交单期之内，同时又必须在信用证的截止日期之内。"交单期"和"信用证的截止日期"，二者以先到期限的日期为准。

10. 跟单信用证与备用信用证和银行保函之间的主要异同点有哪些？

答：跟单信用证与备用信用证和银行保函之间的相同点是：它们都是"银行接受申请人的请求，代替申请人以开证银行自己的名义向受益人开具的有条件的支付承诺"。跟单信用证与备用信用证和银行保函之间的主要区别参见下表：

表 4 备用信用证和银行保函与跟单信用证之间的主要区别

区 别		备用信用证（银行保函）	跟单信用证
(1)	付款的条件	申请人不如期履行其义务	受益人履行了信用证规定的条件
(2)	银行的责任	开证行承担第二性付款责任	开证行承担第一性付款责任
(3)	付款的依据	申请人未履行义务的证明文件	符合信用证规定的全套单据
(4)	适用的范围	多方面的交易	商品买卖
(5)	最终的结果	通常备而不用	开证行支付货款

11. 分期付款和延期付款之间的区别是什么？

答：分期付款是指，一批货物的款项在卖方正式转移货物所有权之前或同时，买方分若干次支付完毕。延期付款是指，买方在支付一定比例的订金后，大部分货款在交货后的一段较长的时间内分期付清。二者的区别在于：在"分期付款"方式下，卖方向买方交付货物的前提条件是"买方先付清全部货款"，所以这种方式对于卖方基本没有风险，即使有风险，也会很小。而在"延期付款"方式下，卖方向买方交付货物时，买方只支付了一部分货款，还有相当大的一部分货款要到买方接收货物以后的一段时间才分批付清。因此，"延期付款"在某种程度上带有"赊销"的性质。买方到期付不付余款，或者，他有没有能力支付余款，在卖方交货时仍是一个"未知数"。也就是说，"延期付款"方式对于卖方的风险较大。

另外，这里的"延期付款"与信用证支付方式下的"延期付款"，虽然英文和汉语的称呼和写法都完全一样，而且也都涉及"支付"的问题，但二者的含义却相差甚远，请大家仔细辨析。

12. 在一笔大宗出口交易中，对托收与信用证两种付款方式，应如何结合使用，才有利于卖方安全收汇？

答：如果一笔生意使用托收和信用证两种付款方式，那么采用这种方式的具体办法和原则是：信用证使用"光票"，托收采用"即期跟单"。信用证部分使用光票，不需要随付单据，就不存在"单据不符点"的问题。这样，实际上就等于把信用证这种"有条件的支付承诺"变成了"无条件的支付承诺"，从而基本上杜绝了信用证项下银行拒付的风险，除非开证行破产倒闭，或者开证行所在国政府因为政治因素而强令拒付。托收部分使用"即期付款交单"并采用"跟单托收"的办法，届时买方如果不付清货款，他就得不到单据，而没有单据，他就提不到货物，这对于卖方及时、安全收汇很有保障。

案例分析题

1. 某出口企业与国外客户签订一份买卖合同，其中，支付条款规定，买方在装运前10天汇付货款。买方迟迟没有汇出款项，直到约定装运期的月中才向卖方传真了一份汇款凭证。卖方在收到传真件的第二天发货并寄出提单。但是后来卖方却一直没有收到货款。经查实，买方早已从银行撤回了汇款申请并且提走了到港货物。问：卖方应该从中吸取哪些教训？

答：卖方的教训主要有：(1) 传真件的付款凭证是完全可以作假的，是靠不住的，卖方本应等到正式收到货款以后再装运货物，以免被动。(2) 即使卖方仅凭付款凭证的传真件装运了货物，也不应该在没有正式收到货款之前把提单寄出去，因为手握提单还可以控制和拥有货物的所有权。(3) 即使卖方在没有收到货款之前把提单寄给了买方，还应该采取最后一个补救办法：立即通知船公司，要求将原提单作废，不让买方凭提单把货物提走。而是改为凭卖方的无单放货书面声明向买方"电放"货物，逼迫买方先支付货款，后提取货物。

另外，在国际汇兑业务中，还经常发生这样一种奇怪的现象：某笔汇款已经进入了收款人的账户，而随后又被付款人要求汇出行将原款项如数"收回去"了。所以，大家在以后的收付业务中一定不要过于大意，一定要把汇款正式收入自己的人民币账户，让对方收不回去（俗话叫"钉子回脚"）以后才算真正"结汇"了。

2. C公司向其邻国某外商推销某商品，支付方式为D/P即期。买方来电声称：如果C公司接受D/P见票后45天付款，那么须通过他指定的某家银行代收才可接受。在正常情况下，货物从出口国装运至该国，最多不会超过10天。试分析对方提出此项要求的出发点可能是什么？

答：买方提出此项要求的出发点可能是：(1) 买方与他所指定的那家银行的业务关系很密切，他届时可以凭"信托收据"从那家银行把单据借出来先把货物提走，这样就可以将卖方的资金占用达45天以上。(2) 买方与他所指定的那家银行利用当地的某些法律或惯例（如有些国家的远期付款交单等同于承兑交单等）钻空子，最后达到合伙骗货的目的。

3. D公司出口一批货物，付款方式为D/P见票后30天付款。汇票及货运单据通过托收行寄交国外代收行后，买方履行了承兑手续。货到目的地后，行市上涨，买方急于取得货物，于是出具信托收据（T/R，Trust Receipt）向代收行借出单据提取货物并出售了。买方后来又因为经营不善而倒闭，代收行以"付款人拒付"为由通知了托收行。问：代收行对此是否应该承担责任，为什么？

答：代收行对此肯定应该承担责任，因为是代收行私下里凭"信托收据"把货物借给买方的，代收行与买方的这种借货（借单提货）行为并没有经过卖方同意，更不是受卖方指示所为。"付款人拒付"是事实，单就"拒付"这一点，代收行是不应该承担任何责任的。但问题是买方不付款，代收行应该向卖方（委托人）退回全套托收单据。而此时货款没有收回，代表货物的单据却被买方"借"走了，这一损失理应由代收行承担。

4. 2006年7月30日《楚天都市报》报道，海南省彩票中心原主任李家福在担任海南财信总公司法人代表期间，在中国工商银行海南省分行开出不可撤销的信用证18单，骗取USD5 300多万，折合CNY4.4亿多元，造成实际损失USD4 100多万，折合CNY3.4亿多元。日前，李家福被海南省中级人民法院一审判处死刑，缓期两年执行。试分析，信用证买卖何以具有这么大的风险？

答：这是因为信用证业务只是一种"单据买卖"这种天生的缺陷所造成的。在信用证支付方式下，银行只看信用证单据的表面填写的内容是否与相关信用证和有关国际惯例的规定完全一致，银行不负责审查信用证单据的真实性和合法性，更不会考虑卖方交付的货物的实际状况。因此，银行只能利用信用证控制相关银行单据的

"表面填写内容"，而无法真正控制信用证单据的真实、合法性以及信用证项下的货物。关于这一点，UCP600 第 34 条规定得很明确。如果遇到一些不法卖家，他们弄虚作假，或者根本就不生产不装运货物，而是捏造一套表面完整准确的银行单据及时提交给银行。买方付款赎单以后却迟迟提不到信用证项下的货物，或者提到的并不是买卖合同列明的货物，他们就将蒙受巨大的经济损失。

第七章

检 验 与 索 赔

思考题

1. 商品检验有哪些重要作用？

答：商品检验的主要作用有：（1）把好出口质量关，维护出口商品和出口企业的良好信誉。（2）把好进口质量关，维护进口国政府、企业和消费者的切身利益。（3）办好公证鉴定业务，为国际贸易提供服务和便利。

2. 我国商品检验机构的职责主要有哪些？

答：我国商品检验机构的职责主要有三点：（1）对进出口商品实施检验。其中，对《商检机构实施检验的进出口商品种类表》里的商品实施法定检验。（2）对进出口商品的品质和检验工作实施监督管理。① 对生产企业实行质量许可制度；② 对指定和认可的检验机构的工作进行培训、监督和抽查。（3）办理进出口商品鉴定：办理委托检验、出具《原产地证明书》等。

3. 什么是"法定检验"？它与"鉴定业务"的主要区别是什么？

答：法定检验又称"强制性检验"，是指为了保护人类的健康和安全，保护动物和植物的生命和健康，保护环境，防止欺诈行为、维护国家安全，由国家行政执法机构依照国家法律和行政法规的程序，对与国计民生关系重大的、必须实施检验的进出口商品和有关的检验事项实施强制性检验。凡属于法定检验的商品，它们在进、出口之前，必须经有关商检部门检验并且合格以后，才能通关放行。检验的内容主要包括商品的质量、规格、数量、重量、包装以及商品是否符合安全、卫生要求等。

所谓"鉴定业务"就是"委托检验"，它是指某些进出口商品并不是"法定检验商品"，或者虽属"法定检验商品"，但其检验的项目并不属于法定检验的范围，而买卖的一方因为某些特殊目的或原因，特别要求对于某些商品或某些检验项目进行检验并出具相关证明的行为。

"法定检验"与"鉴定业务"的主要区别是：法定检验是强制性、非自愿进行的。而鉴定业务却不是强制性的，是在进出口商自愿要求的基础上，由检验检疫机构帮助他们对某种商品的某些项目进行检验并出具相关检验证书的行为。

4. 作为进出口商品的检验依据，怎样协调好买卖合同的规定与相关法律、法规之间的关系？

答：相关法律、法规和买卖合同条款都是进出口商品检验的依据，我们在国际贸易实务中处理法律、法规与买卖合同条款的关系时，应该注意做到以下两点：（1）当买卖合同的规定与相关法律、法规没有冲突时，商品检验就应该以买卖合同条款为依据；（2）当买卖合同的规定不符合相关法律、法规时，商品检验就应该以相关的法律、法规为依据。

5. 关于进出口商品的检验时间和地点，通常有哪几种规定方法？

答：进出口商品的检验时间和地点，通常有 4 种规定方法：(1) 产地（工厂）检验：以商检机构或直接由买方验收人员出具的检验证书作为货物品质、重量等的最后依据。（2）"离岸品质、离岸重量"。以出口地商检机构出具的检验证书作为货物品质、重量等的最后依据。买方如果能够证明货物是由于卖方违约或由于货物固有的瑕疵造成的品质问题的情况除外。（3）"到货品质、到货重量"。以进口地商检机构出具的检验证书作为货物品质的最后依据。(4) 出口国检验、进口国复验。以出口国的检验证书作为买方收取货物的凭证之一，以进口国复验的证书作为向卖方索赔的依据。其中，第四种规定方法最为公允，同时也是国际贸易实务中最为常见的规定方法。

6. 商检证书在国际贸易中的主要作用有哪些？

答：商检证书在国际贸易中的主要作用有以下 4 点：（1）证明交接商品合格的依据。用以证明货物在出口装运时是经过检验并且符合出口质量检验或买卖合同规定的标准的。（2）海关验关放行的依据。有关法定检验商品的商检证书是进出口海关凭以验关放行的必需的报关文件之一，缺少了就不会受理报关。（3）卖方凭以办理结算货款的依据。（4）办理索赔与理赔的依据。索赔和理赔是谁也不希望发生的头疼事，但又经常无法避免。买方向卖方索赔，买方需出具货物不合要求的证明，而检验证书就是最有力的证据；卖方也只有在"货物确实存在品质缺陷或数量短少"的铁的事实面前才会理赔。

7. 在国际贸易中，当事人违约的原因主要有哪些？

答：当事人违约的原因主要有以下3个方面：（1）卖方违约。如：① 不交货；② 未按合同规定的时间、品质、数量、包装等条款交货；③ 移交的单据不符合合同的规定等。（2）买方违约。如：① 不开立或拖延开立信用证；② 不付款或不按时付款赎单；③ 无理拒收货物；④ 在FOB条件下不按时派船接货等。（3）买卖合同的某些条款定得不够明确，而双方国家的法律、法规以及一些国际惯例的解释又不尽一致，买卖双方的思想和行为不协调而发生分歧。

8. 在处理索赔和理赔工作中，应该注意什么问题？

答：索赔应该弄清事实、分清责任、有理有据。理赔应该做到：在对争议案件作出处理决定之前，首先要认定违约及其法律后果。买卖合同的当事人在对争议案件作出处理决定之前，把发生争议的原因和责任弄清楚，看到底是谁构成了违约、违约的程度有多深、给对方造成的实际损失有多大；充分认识这些违约行为和后果，按照国际上的相关法律、法规和惯例，可能造成多大的法律后果等，然后再慎重拿出处理方案来，能够协商解决的就尽量不要去仲裁，能够提请仲裁的就尽量不要去诉讼，以免将事态扩大，耗费精力、时间和金钱，以致贻误商机。

9. 在买卖合同中规定罚金条款有什么意义？

答：罚金条款是指，买卖合同中规定的"合同一方因未履行或未按时履行合同规定的义务而应向对方支付约定的惩罚性金额，用以补偿因给对方造成损失"的条款。它是一种带有惩罚性质的限制性条款，其主要目的就在于督促卖方按期交货，买方按期开立信用证等。

案例分析题

1. 甲国 A 公司购买乙国 B 公司的海藻酸钠，合同规定货物的黏度应为 250～280cps，检验条款还规定："以乙国商检机构或生产厂家所出具的品质、重量证明为最后依据。"B 公司在装运货物的同时，还出具了由生产厂家签发的检验合格证书。A 公司随即将该货转口出售给丙国 C 公司，C 公司收到货物后，认为其黏度达不到买卖合同规定的标准，随即请瑞士 SGS 通用鉴定公司对货物进行抽检，检验结果仅为 180～200cps。A 公司向 C 公司赔付以后，即向 B 公司提出索赔，却遭到拒绝。问：(1) B 公司是否应该理赔，为什么？(2) A 公司的做法有没有什么欠妥的地方？

答：(1) 仅仅依据买卖合同的规定，B 公司不应该理赔，因为合同上明确规定以出口国商检机构或生产厂家所出具的品质、重量证明为最后依据。在这种前提下，海藻酸钠的真实黏度再低，A 公司也无权索赔。(2) A 公司在这笔交易中最大的失误就是：A 公司不应该接受他与 B 公司所签订的买卖合同中那条极不明智、极不合理、隐患极大的检验条款。而应该将其修改为"以出口国商检机构或生产厂家所出具的品质、重量证明为依据；如果买方对此检验结果有异议，有权在进口国或第三国通过双方都认可的检验机构进行复验。如果确实检验出商品品质及/或重量问题，其复验的费用由卖方承担，同时，买方可凭复验结果证书在××天以内向卖方提出索赔。"

2. 有一批出口冷冻食品运到目的地不久就被买方索赔金额达合同金额的将近一半。买方出具的商品检验证书是其官方检验机构根据当地某食品零售商店送检的食品样品进行检测而得出的结论，其结果为：该商品有变质现象。该检验证没有注明货物的详细编号及货物变质的数量与比例。问：卖方应该如何处理这种索赔，其理由是什么？

答：卖方应该拒绝这种索赔，其理由是：（1）食品样品采集的漏洞很大，无法使卖方确信这些样品就必然是卖方所出售的食品。（2）"该商品有变质现象"中的"该商品"没有具体的商品编号，不能说明这个"该商品"就是卖方出口的那批食品。（3）进口国官方检验机构出具的商品检验证书的鉴定结果太过笼统，不具体，"商品有变质现象"并不能比较准确地说明食品的变质程度到底有多大。（4）进口国官方检验机构出具的商品检验证书也没有标明食品变质的具体数量和比例。

3. 甲方（买方）向乙方（卖方）进口10台精密仪器，每台售价为USD40 000。买卖合同规定，如果任何一方违反了合同，应向对方赔偿违约金USD10 000。乙方在交付了6台之后，其余4台因故不能履约。此时国际市场上这种仪器的价格又涨到了USD60 000。卖方准备按原合同规定向对方赔付违约金时，甲方不同意。问：乙方的做法合不合法，为什么？

答：这里不讨论卖方"因故不能交付其余4台精密仪器"的主观原因和客观原因，我们仅从买卖合同条款上着眼，卖方的做法完全合法，因为合同上早已明文规定了违约方向对方赔偿违约金USD10 000。这个规定里还暗含着这样一层含义："不管市场行情怎样变化"。因此，尽管这种仪器的价格后来上涨了50%，"违约方向对方赔偿违约金USD10 000"的规定却没有改变，也不能改变。

4. 1 000箱食品以"CIF Le Havre"（法国勒阿佛尔）出口，卖方投保了一切险。货到目的港以后，买方复验货物后发现：（1）整批货物实际只有995箱；（2）其中100箱货物的沙门氏杆菌超过了进口国标准；（3）另有20箱货物的包装表面状况良好，而箱内货物却有不同程度的短少，平均达到20%。问：买方应该分别向谁索赔，其理由分别有哪些？

答：(1) 货物短少的5箱应该向保险公司索赔，因为这属于"短量险"的责任范畴，而"一切险"里又包含着"短量险"。(2) 100箱货物的沙门氏杆菌超标的损失是因为商品本身的品质不达标，这不属于保险公司的承保责任范围，而属于卖方违约，理应由卖方理赔。(3) "20箱货物的包装表面状况良好，而箱内货物却有不同程度的短少，平均达到20%"的损失明显不是在货物运输过程中因为"偷窃"等外界因素所致，而是由于卖方在商品装箱时，工人短斤少两造成的。因此，这20箱20%的损失也应由卖方赔付。

第八章

不可抗力和仲裁

第八章 不可抗力和仲裁

思考题

1. 什么叫"不可抗力"？在国际贸易中，为什么说"不可抗力"不可随便界定？

答：不可抗力（Force Majeure）：买卖合同签订以后，不是由于合同当事人的过失或疏忽，而是由于发生了当事人无法预见、预防、避免和控制的事件，以致不能履行或如期履行合同，发生意外事件的一方可以免除履行或推迟履行合同的责任。

"不可抗力"不可随便界定。因为迄今为止，国际上对于"不可抗力"的界定很不一致，往往贸易的一方认定为"不可抗力"的事件，而另一方却不予认可，因为，有很多场合，在认定"是"与"否"时，确实涉及买卖双方各自的切身利益。而面对利益，一般人都会表现为"力争"而不是"谦让"。因此，为了避免分歧和矛盾，不给我们的业务工作造成被动和损失，我们在解释这一概念时应该从严掌握。

2. 发生"不可抗力"事件的法律后果如何？

答：如果合同的当事人一方在合同履行的过程中发生了"不可抗力"事件，发生事件的一方可以根据该事件的严重程度，分别采取以下三种办法加以协商解决：(1) 解除合同；(2) 部分解除合同；(3) 延期履行合同。而且，发生"不可抗力"事件的一方并不因此承担任何赔偿责任。

3. 当事人在援引"不可抗力"条款要求免责时，应该注意哪些问题？

答：(1) 发生事件的一方应尽快如实地通知对方，并同时出具相关的证明文件，我国可由"中国国际贸易促进委员会"出具。在给对方的通知中还应该提出相应的处理意见，如撤销原订的买卖合同、部分撤销合同或延期执行合同等。(2) 没有发生"不可抗力"事件的合同另一方当事人对于对方提出的"不可抗力"事件及处理意见，应该按照买卖合同的规定进行严格审查，以确定其事件是否真正构成"不可抗力"的条件、"不可抗力"的程度有多深等，以便实事求是、合情、合理、合法地妥善解决。同时，无论是同意还是不同意对方的处理意见和建议，都要尽快给对方一个明确的答复，不能沉默了之，以免被误认为是"默认"。

4. 什么是仲裁？仲裁与诉讼比较，主要有哪些区别和优势？

答：仲裁是指买卖双方在争议发生之前或之后，签订书面协议，自愿将争议提交双方都同意的第三者予以裁决，以解决争议的一种方式。仲裁的特点主要有以下几点：(1) 仲裁以双方自愿为基础。

仲裁机构、仲裁员均可自行选定。而诉讼却带有强制性。被告无权选择起诉的法院或法官。诉讼的程序却比较复杂。调查、取证、开庭、和议、调解、判决等。(2)仲裁程序比较简单、裁决速度较快。(3)仲裁费用比诉讼费用要低。仲裁费用一般按照争议价值的 0.1%～1% 收取。诉讼费用较高,一般要高于仲裁费用。(4)仲裁是终局性裁决。败诉方不得要赖,胜诉方有权要求法院强制执行。在诉讼中,如果一方对判决不服,当事人还可以上诉。

5. 选择仲裁地点有哪几种?其中哪一种对于当事人自己比较有利?

答:仲裁地点有三种选择:(1)卖方所在国;(2)买方所在国;(3)买卖双方以外的第三国。仲裁地点一般选择第三国。仲裁地点既不选择卖方所在国,也不选择买方所在国,而是选在"中立"的第三国,这比较有利于增强仲裁机构不偏不倚的公正性,但第三国仲裁机构受理案件的费用可能会比较高。当然,选择在当事人自己所在国家的仲裁机构仲裁对于当事人自己最为有利,这样,一是当事人不存在语言、法律等方面的障碍;二是仲裁机构、仲裁员在断案时都不免会带有一定程度的"民族倾向性"。

6. "财产保全"是什么意思?

答:"保全措施"又叫"临时性保护措施",指从仲裁程序启动后至裁决前,由仲裁机构或当地法院对争议的标的、证据或有关当事人的财产采取临时性强制措施,如临时扣押等,以防止当事人私下变卖或转移;对不宜久存的争议货物,仲裁机构或法院则可以作先行处理,如出售等。按照相关规则规定,在我国,仲裁机构无权采取"保全措施",只能将有关保全申请提交财产或证据所在地的人民法院作出裁决。

7. 简述"1958 年纽约公约"的主要内容和作用。

答:"1958 年纽约公约"是联合国为了解决各国在承认和执行外国仲裁裁决问题上的分歧和难题,于 1958 年在美国纽约缔结的《承认和执行外国仲裁裁决公约》,简称"1958 年纽约公约"。该公约的主要内容是,要求所有缔约国承认当事人之间订立的书面仲裁协议在法律上的效力,并根据该公约的规定和申请执行地的程序,承认和执行外国的仲裁裁决。该公约截至目前大约共有 130 多个国家批准参加,我国在 1987 年 4 月正式加入。

8. "互惠保留"和"商事保留"到底各是什么意思?

答:这两项"保留"是"1958 年纽约公约"允许缔约国在加入该公约时作出的保留。

"互惠保留":缔约国只承认和执行在缔约国领土上作出的仲裁裁决,即只在缔约国内部之间互相承认和执行;而对非缔约国,除订有双边政府协定的外,则一般不予承认和执行。

"商事保留":只对根据缔约国本国的法律认定的属于契约性和非契约性商事法律关系所引起的争议适用"1958 年纽约公约",而对其他国际的仲裁机构对其他方面争议下的仲裁裁决则不予承认和执行。

案例分析题

1. A 出口公司从杭州某伞厂取得报价单后,转而向某国 B 公司报价。成交后,B 公司开来了信用证,并规定 7 月底以前交货。但该伞厂仓库因在 7 月初发生了火灾,大量伞成品、半成品及制伞的原材料全被烧毁,以致 A 公司无法交货。问:A 公司可否以"不可抗力"为由要求免交货物,为什么?

答:杭州某伞厂在 7 月初发生的火灾对于 A 出口公司的这份出

口伞的合同属于"不可抗力"事件。（1）如果原合同规定此伞必须是杭州某伞厂商标的伞，A公司就可以要求免交货物（撤销原合同）。（2）如果原合同规定此伞并不是杭州某伞厂固定商标的伞，A公司就只能要求延期履行交付货物，因为国内还有其他伞厂，而且其他伞厂并没有失火，A公司还可以从其他伞厂购买这批出口货源。

2. C出口公司与某国D公司成交某种食品1 500MT，交货期为当年5月至9月。由于C公司当时缺货，只交了500MT，其余1 000MT经双方协调延至次年交货。第二年，C公司国内发生了自然灾害，C公司即以"不可抗力"为由，要求免除未交货物的责任。但遭到对方的拒绝，并提出该食品市价上涨，由于C公司未交货已经使其损失利润达EUR10万。要求C公司无偿供应其他品种的同类食品予以抵偿。问：C公司应该如何应对，为什么？

答：C公司对于D公司的要求应该给予拒绝，C公司最多只能答应重新作价向D公司交付其他同类食品，而不是免费抵偿。因为：（1）虽然第一年C公司的合同1 500MT食品最终只交付了500MT，有违约现象，但这已得到了D公司的认可，故不需要给予违约赔偿。（2）第二年C公司以"不可抗力"为由，要求免除未交货物责任的要求，这到底合不合理，可以另行协商解决。（3）D公司提出的"该食品市价上涨，由于C公司未交货已经使其损失利润达EUR10万。要求C公司无偿供应其他品种的同类食品予以抵偿"的要求没有道理，市价上涨并不是C公司的错，其利润损失不能判由C公司承担。而且，即使C公司违约，其赔偿金额也只能以签约时可以预料的合理损失为限，绝不能以索赔时的市价为依据。

另外，C公司不能提"D公司提出的索赔损失利润EUR10万的数额没有依据"这类愚蠢的问题，否则就有"C公司已经承认自己违约"之嫌，使被告方处于更加不利的境地。

3. 甲国 A 公司分别与乙国和丙国商人签订了出口供货合同。不久，甲国对乙国宣战，进入战争状态，A 公司遂以不可抗力为由，宣布撤销上述两份合同。你认为 A 公司的行为是否合理？并说明其理由何在。

答：此案例需要从两个方面来讨论：（1）如果乙国和丙国两国的关系极为密切，就像第二次世界大战中的德国和意大利一样，A 公司就完全可以以不可抗力为由，宣布撤销上述两份合同。（2）如果乙国和丙国两国的关系并不密切，甲乙两国宣战丝毫不影响甲国与丙国的双边关系，A 公司就不能以不可抗力为由，宣布撤销上述两份合同，而必须如期履行其与丙国商人签订的出口合同。因为，甲国是战争的发起国，它对乙国宣战并不会过多的影响到甲国本国的经济和本国人民的日常生活。

另外，如果是乙国对甲国宣战，则甲国的 A 公司就完全可以以不可抗力为由，宣布撤销上述两份合同了，因为他的国家是战争的接受国和受害国。连人的生命都不能保，就更谈不上去生产、出口了。

4. 欧洲甲国一外商向乙国出口化工原材料一批，合同订有不可抗力条款。随后由于伊拉克战争爆发，石油价格暴涨，使该出口商的产品成本增加 28%，于是，出口商便向进口方提出提高出口价格，否则就拒绝交货，因为该笔生意可作为"不可抗力"处理。问：进口方可否接受涨价要求，为什么？

答：从理论上说，进口方不能接受卖方的涨价要求，因为商品价格的涨跌根本就不属于"不可抗力"的范畴。

另外，货币汇率的升值或贬值、货币利率的提高或降低、当事人的过失等原因所造成的损失都不能认定为"不可抗力"事件。

5. 甲方向乙方购买一批钢材，买卖合同中订有仲裁条款，信用证支付。甲方支付了货款后却迟迟收不到货物，经查，乙方根本就没有发货，其提交的银行单据全系伪造。甲方遂在当地法院对乙方提起诉讼，同时请求法院对乙方在当地银行的一笔托收款项采取"诉讼保全"措施。法院受理后，即下传票通知乙方出庭应诉。乙方提出买卖合同中已经订有仲裁条款，法院无权审理此案。问：法院究竟有无权利受理此案，为什么？

答：法院完全有权利受理和判决此案，因为这个案件的性质已经远远超出了"争议"的普通民事纠纷范畴，超出了仲裁机构的司法管辖权限，它属于典型的诈骗犯罪，属于刑事案件，理应由法院判决。

另外，仲裁和诉讼之间的关系，我们不妨打个比方，假设案件有"人民内部矛盾"和"敌我矛盾"之分，在通常情况下，诉讼既能判决"人民内部矛盾"又能判决"敌我矛盾"，而仲裁却只能裁决"人民内部矛盾"。

第九章

买卖合同的签订与履行

思考题

1. 发盘在我国法律上的称谓是什么？构成一项发盘的必要条件有哪些？

答：发盘在中国的相关法律上称为"要约"，发盘人在一定条件下受其约束。一项发盘必须同时具备以下条件，缺一不可：（1）向一个或一个以上的特定的人提出。（2）发盘的内容十分确定。一项发盘内容的三个要素：货物的名称、数量及价格。一项发盘至少应该列明这三项，缺少任何一项，发盘都无法真正成立。（3）表明"一经受盘人接受，发盘人即受其约束"的意思。（4）送达受盘人，即受盘人收到发盘。不包括受盘人通过其他途径知道发盘及其内容。受盘人在正式收到发盘之前的接受无效。

2. 发盘与邀约发盘的主要区别是什么？

答：发盘又叫"报价"、"发价"，指向一个或一个以上的特定的人报价的行为。凡是向一个或一个以上的特定的人提出订立合同的建议，如果其内容十分确定，并且表明发盘人在其发盘一旦得到接受就受其约束的意思，即构成发盘。发盘人在一定条件下受其约束，就是如果甲方对乙方的发盘在合理的条件下被乙方接受，买卖合同就算成立，甲方就无权反悔，而必须按其发盘的条件履行其承诺。

"邀约发盘"以前叫"虚盘"，它是指一方的报价只供对方参考，它对于报价人不具备约束力。即使对方接受了，不经报价人同意，也不能最终达成合同。

发盘与邀约发盘在形式上非常相似。

3. 什么是发盘的有效期？举例说明如何规定发盘的有效期。

答：发盘的截止日期是指发盘人允许受盘人对其发盘作出接受的期限。一项发盘一般都规定有一个有效期，作为对方表示接受的时间限制。一旦超过了发盘规定的时限，发盘人即不再受其约束。这种"时限"的长短会因口头或书面发盘的不同方式而异。（1）口头发盘时，受盘人只能当场表示接受才算有效。如果该笔生意的确已经告一段落了，或者双方已经离开面谈现场了，受盘人重提先前的口头发盘，发盘人就可以不再受其约束了。口头发盘可以不规定发盘时效。（2）函电发盘时，一般都规定有时效，即对方最迟的接受时间。例如："Offer: Working Gloves Art. No. BSA — 35 5 000doz., at USD5.50/doz., CIF Hamburg, Subject to your reply here September 21, 20××."（发盘：工作手套 5 000 打，货号 BSA－35，每打 5.5 美元，CIF 汉堡，20××年 9 月 21 日或之前复到有效。）其中的"20××年 9 月 21 日"就是"有效日期"。如果受盘人在这个日期之后确认该项发盘，发盘人将不再受其约束。

4. 发盘的撤回与撤销的区别是什么？

答：发盘的撤回是指发盘在送达受盘人之前将其收回，以阻止其生效的行为。撤回发生在发盘正式生效之前。发盘的撤销是指发盘已经送达受盘人，即发盘生效之后将其取消，使其失去效力。撤销发生在发盘正式生效之后。

5. "接受"在我国法律上的称谓是什么？构成有效接受的必要条件有哪些？

答："接受"在我国法律上称为"承诺"。一项有效接受必须同时具备下列条件：（1）在发盘规定的截止日期以内作出明确答复或行为；（2）对原发盘的接受无条件；（3）接受必须由受盘人作出，受盘人以外的其他人作出的接受无效；（4）接受的传递方式应符合发盘的要求，也就是接受应以与发盘相同或更快的通信方式传递。

6. 《联合国国际货物销售合同公约》规定："缄默和不行为本身并不构成接受"，这句话到底是什么意思？

答："Silence or inactivity does not in itself amount to acceptance"意思是：如果受盘人对于一项发盘既不在口头上，也不在书面上表示接受或不接受，而是采取沉默的态度；在行动上，受盘人（如果发盘人是卖方的话）既不对发盘人支付发盘货物的款项，（如果发盘人是买方的话）也不向发盘人装运发盘项下的货物，而是采取不理不睬的方式。

7. 一份买卖合同生效的充分必要条件有哪些？

答：各国合同法规定，一项合同，除双方就主要交易条件通过发盘和接受达成协议后，还需具备以下条件，才是一项有效的合同，才能得到法律的认可和保护：（1）合同的当事人必须具备签约能力。① 自然人具备完全的行为能力；② 法人必须通过其代理人在法人的经营范围内签订合同，越权合同不具备法律效力。(2) 合同必须具有对价（Consideration）或约因（Cause）。(3) 合同的内容必须合法，不得违反：① 法律；② 公共秩序或公共政策；③ 善良风俗或道德。(4) 合同必须符合法律规定的形式：书面、口头和其他形式（如行为等）。(5) 合同当事人的意思表示必须真实。

8. 为什么说有些商品在签订合同以后、收到信用证或预付款之前，卖方不能随便安排出口货物的生产？

答：客观地说，迄今为止，商人之间恪守信用的程度并不高，买卖合同，特别是中小规模的买卖合同，并不能真正约束买卖双方。很多时候，买卖合同只能表明买卖双方买卖某批商品的一种意愿，但这笔交易最终是否真正做成，将在很大程度上取决于买方的信誉和态度。因此，签署买卖合同以后，卖方在一般情况下并不立即安排生产，而是一边着手准备、一边催促买方履约——敦促他们开立信用证或者预付货款。只有见到信用证或预付款以后才能真正看出买方履约的诚意，出口人才能正式落实货源并安排生产。出口商采取这种保守的工作思路和程序，其主要目的就是为了防止和降低出口风险。对于那些季节或时令性强、通用性差、不宜久存、库存货与订单货价格差别悬殊的出口商品，出口商更应该如此。

9. 在出口业务中，如何处理信用证条款与买卖合同条款不一致的问题？

答：在进出口业务中，信用证条款与相关的买卖合同条款不一致的情况是会经常发生的。每次遇到这种情况，出口商应该审时度势、权衡利弊，审慎、妥善地加以处理。对于信用证中罗列的某些特殊要求，从生意的大局着眼，只要我们能够做到而又不致造成大的风险和损失的，我们最好不要加以拒绝。但是，对于那些我们确实无法做到，或者即使勉强可以做到，而做了又会给自身造成重大风险和损失的条款，我们则应该实事求是地向客户说明情况，让他们对这些条款作出适当的修改。

10. 出口报关主要应该注意哪些问题？

答：出口报关时需要注意的问题主要有：（1）申请报关的单据必须齐全。一般出口商品必需的报关单据主要有：出口货物报关单、出口收汇核销单、法定检验商品的出境货物通关单、买卖合同副本、商业发票、装箱磅码单等。（2）商品编码必须填写准确。（3）出口商品的数量、价值必须准确、一致。（4）商品的品种申报必须齐全，不能少报或漏报。（5）衔接工作一定要未雨绸缪。如果委托代理报关，特别是异地装运，出口人一定要事先与承运人把相关事宜联系妥当，如装哪一家船公司的船、订哪一班船、经办人是谁、货物什么时候送到、送到什么具体地方、收货单位是谁、联系电话是多少、需要哪些单据、需要多少费用等，都要事先弄得清楚明白。

11. 进口商在支付货款之前，为什么要审核卖方提交的全套单据？

答：买方要认真审核卖方提交的各种单据，主要看其内容、种类、数量、金额等是否完整、准确，会不会给自己随后的进口通关及纳税造成障碍和麻烦。如果单证一致、单单一致，就付款赎单。如果单证不符，可根据具体情况，决定是付款还是拒付。如进口商品的行市、不符点的违约程度、不符点对于卖方的潜在风险损失的大小、对于进口通关和缴纳税费影响程度的深浅，等等。

进口商在支付货款之前，一定要认真审核卖方提交的全套单据，一方面防止卖方在交货时弄虚作假；另一方面防止卖方的单据不齐全或不正确，影响买方进口时的顺利通关和提货。审单是买方防止交易风险的最后一道关口，它有利于买方把一切潜在的风险损失在顷刻间全部化解掉。

12. 进口索赔的对象有哪些？在进口索赔中，应该注意哪些问题？

答：进口索赔的对象主要有三个：保险公司、承运人和卖方。索赔应该注意以下问题：（1）索赔一定要找对索赔的对象，否则，一是容易遭遇拒赔，二是延误索赔时限。（2）索赔一定要在所有责任人的索赔时限以内提出。（3）索赔一定要实事求是，不要夸大其词，免得结果适得其反。（4）索赔一定要提供充足、有力的证据。这些证据主要包括：① 索赔函件。其中，索赔方需陈述损失现象、程度（价值）等，然后明确提出索赔的金额等。② 买卖合同，这是证明买卖双方权利和义务的重要法律证明。③ 相关单证和文件，如商业发票、装箱单、运输单据、保险单据、原产地证明书等。④ 损失证明，如检验证书等。

13. 分别举例说明信用证、预付款等支付方式下，买方的主要交易风险有哪些？

答：在信用证支付方式下，买方的主要交易风险有：（1）卖方伪造信用证单据，在不发货或发运空集装箱的情况下，凭伪造的信用证单据向买方骗取信用证款项。这种事例在我国 20 世纪 90 年代屡见不鲜。信用证诈骗的突出特点是交易金额巨大，且受害人多为国有进口企业。（2）卖方装运的货物在品质、规格和数量等方面不符合原买卖合同的规定，以劣充优、以少充多，坑蒙进口商。在预付款支付方式下，买方的主要交易风险有：（1）卖方收到预付款以后不装运合同货物；（2）卖方收到预付款以后不按合同规定的期限装运合同货物；（3）卖方收到预付款以后不按合同规定的品质、规格和数量装运合同货物。

14. 买方在预付款支付方式下主要应该注意哪些问题？

答：如果买方在某些特殊情况下，需要采用预付货款的方式进口，一定要注意以下几点：（1）对于买方不熟悉或买方认为信誉不佳的卖方，不宜采用预付款方式，以防止有些不法外商收到货款以后不发货、不按时发货或不按合同规定发货。（2）预付款的相对数额和绝对数额都不宜过大。预付比例一般占货款总额的20%左右为宜，这样，即使买方最终被骗了，其损失也不会很严重，就只当交了一笔"学费"。（3）必要时，可要求卖方向买方就"保证履约"一事开立一份银行保函或备用信用证，以防不测。当然，这主要是针对买方预付款数额较大的情况。此时，买方可以"政府主管部门规定必须像这样做，否则，将禁止对外支付"为由向卖方提出，这样就可以避免类似"我不敢相信你的信誉"这种过于直白的尴尬了。

15. 报关、通关和结关的意思分别是什么？三者之间的关系如何？

答："报关"是指进出境货物的收（发）货人或其代理人向海关办理进出境手续的行为。"放行"（Release）是指海关在审核了相关的单证、查验了货物、征收了关税以后，按规定签章、准予出境或入关（离开海关监管现场）的行为。而"结关"（Customs Clearance）是指进出口货物的收（发）货人或其代理人办理了全部进出境手续，使货物自由流通而不再被海关监管的行为。

三者之间的关系是：（1）报关是放行的前提，放行是结关的前提。有时，在一般贸易方式下，海关对货物放行的同时就意味着结关，因此，报关也是结关的前提。（2）有些类别的进出口货物放行之后仍处于海关的监管之下，放行不等于结关。这是指有些特殊贸易方式下的特殊货物，如保税货物、特定减免税货物、暂准进境货物等都需要办理后续阶段的核销，销案以后才能结关。

16. 海关对进出境货物实施监管的三种基本制度和三种主要形式分别是什么？

答：海关监管的三种基本制度是：（1）申报制度。申报时限：

① 进口货物自其运输工具入境之日起 14 天之内；入境超过 15 天至 3 个月以内仍未向进口海关申报的，海关将按规定征收"滞报金"；超过 3 个月仍未申报，海关有权变卖、处理货物。② 出口货物在装货出运的 24 小时之前；如果是集装箱装运的货物，要求在装货的 3 天之前申报。③ 进口货物如果超过了申报时限，海关按每天以进口完税价格的 0.5‰征收滞报金。(2) 查验货物制度（随机抽查）：① 一般在海关监管场所，如码头、车站、机场的货场等处。② 特殊情况，也可到其他场合，如发货人、收货人的仓库等处。(3) 放行制度：审单→查货→收费→盖章准予出境或入关，即离开海关监管现场。

海关监管的三种主要形式是：(1) 出入境监管：针对所有的进出口货物。一般程序为：接受申报→审单→抽查→确定征免→放行。(2) 后续管理：海关对已经放行的保税货物行使入境后的监管使用、核查核销、实征实退（税款或保证金）、结关销案等项目的管理。(3) 时效管理：海关对某些特定减免税的进口货物的管理——不核查、不核销，只在法律上对相关货物的使用情况在一定的时间内进行监控。

案例分析题

1. 甲公司（卖方）向乙公司（买方）发盘报价小麦 500MT，USD260.00/MT，发盘截止日期为 6 天。乙公司 2 天后复电要求将货物价格降为 USD240.00/MT。4 天后，甲公司将这批小麦卖给了丙公司，并在 6 天后复电乙公司，通知其货已售给其他公司。乙公司认为甲公司违约，要求甲公司赔偿。问：甲公司是否应该赔偿？为什么？

答：甲公司不应该赔偿，因为甲公司的发盘在被还盘以后随即失去了法律约束力。也就是说，甲公司既有权接受乙公司的还盘，也有权不接受还盘，这完全取决于甲公司的意愿。

另外，其实即使甲公司在 6 天以后不电复乙公司，不通知乙公司货物已经被卖给其他公司这件事，甲公司在法律上也并不违约。

2. 甲公司（买方）就某种商品向乙公司询价，后收到乙公司（卖方）的发盘，发盘中规定截止日期至 6 月 20 日。甲公司 6 月 24 日用电传通知乙公司表示接受对方发盘，乙公司未予回复。后商品价格上涨，甲公司于 7 月 10 日去电要求乙公司在 7 月 15 日以前发货，否则，乙公司将承担违约责任。问：乙公司是否应该按甲公司要求发货？为什么？

答：如果乙公司不愿意，他完全有权拒绝按甲公司的要求发货，因为甲公司的接受是一项过期的接受，这个接受无效，乙公司并不受这个过期接受的约束。在这个"无效"前提下的一切"后续"的行为都将是徒劳无益的，对于乙公司不能构成任何法律约束力。

另外，在发盘过程中，无论是对方的发盘还是还盘或接受，无论是有效还是过期或无效，单从法律角度上说，受盘人或原发盘人是否需要给予回复，这完全取决于受盘人或原发盘人自己的意愿，也就是说他保持沉默、不予回复也不违法。但是，出于礼节和商业道德，无论自己对于对方的发盘、接受或还盘接受与否，都应该及时给予明确的答复，而不能表现得太势利。

3. 某出口公司 A 对某国 B 公司发盘，限 12 月 10 日复到有效。12 月 9 日 B 公司用电子邮件通知 A 公司接受该项发盘。由于电信服务器出现故障导致延误，A 公司于 12 月 11 日才收到对方接受的通知。而此时市场价格已经上涨。问：对此，A 公司应该如何处理，为什么？

答：A 公司此时如果因为市价上涨而不打算接受对方的接受，就应该立即无迟延地回复对方，告知他们的接受已经超过了原发盘的截止日期，是一项无效接受，买卖合同不能成立。因为按照《联合国国际货物销售合同公约》的规定，如果接受的书面文件送达的逾期不是因为受盘人的原因造成的，而且发盘人收到该文件后并未及时通知受盘人，声明他的发盘已经失效。也就是说，当发盘人收到受盘人的逾期接受后，如果保持沉默，就说明该"接受"仍然有效，合同成立；而如果发盘人立即回复受盘人，说他的发盘已经失效了，则该"接受"就属于"无效接受"。

4. C公司向某国D公司发去电传，发盘供应某种农产品1 000MT，并列明牢固麻袋包装（Packed in sound gunny bags）。D公司收到C公司电传后，立即电复表示："接受。装新麻袋装运"（Accepted. Shipment in new gunny bags）C公司收到上述复电后，即着手备货，准备于双方约定的12月装船。数周后，市场价格猛跌，针对C公司的催证函电，D公司复电称："由于你方对新麻袋包装的要求未予确认，双方之间无合同。"问：合同是否已经成立，为什么？

答：该合同不成立，因为"牢固麻袋"和"新麻袋"不是一回事，D公司的"接受。装新麻袋装运"的函电并不能视为一项"接受"，而只是一项"还盘"。

另外，在生意场上，当事人为了自己的利益，咬文嚼字、绞尽脑汁地钻牛角尖是常有的事。因此，看文件、处理问题就需要特别细心琢磨，不容稍有疏忽大意，也不容稍有懈怠，应该时刻注意眼勤、脑勤、腿勤和手勤，以免留下漏洞、留下死角。上述案例的教训就是离生意达成只差一点，就是C公司只需要给D公司回复一封函电："接受。装新麻袋装运"（哪怕就是把对方的还盘原文再向对方重复一遍都行，但就是不能不理不睬）。

5. ×年×月，甲国A公司与乙国B公司签订了购买10台计算机的合同。B公司提供了两台之后，经A公司检验，因质量不合格予以退货，但两台计算机的货款计 USD40 万已经支付。B 公司自知其已经不可能提供合格的计算机产品，遂向 A 公司提议，邀请丙国 C 公司负责供货。后来，A、B、C 三家公司口头约定，剩下的 8 台计算机由 C 公司负责供货，其货款由 A 公司汇付给 C 公司。三个月以后，C 公司如期完成了供货任务，质量经检验也完全合格。但 A 公司在汇付货款时，硬性从中扣除了 B 公司交付的那两台不合格计算机的 USD40 万。C 公司因此向甲国法院提起诉讼，要求取得自己应得的货款。问：法院会如何判决本案，为什么？

答：(1) 如果 C 公司仅控告 A 公司一家，法院会判决 C 公司败诉，因为法院会认定 A、B、C 三家公司的口头协议只是对 A、B 两家原买卖合同的修改。A 公司买了 8 台合格的计算机，也已经支付了 8 台计算机的款项，A 公司并无违约行为。(2) 如果 C 公司控告 A、B 两家公司，法院会判定 B 公司向 C 公司支付那两台计算机的款项，因为法院会认定 B 公司得了 A 公司支付的 USD40 万，而 B 公司却没有交付合格的计算机。

6. A 公司在 20×× 年与外商签订了一批钢板合同，原定交货期为 20×× 年 12 月 15 日，A 公司已经在交货期前备好货且通知外方租船。但外方迟迟没有租到船，造成 A 公司到现在为止货物仍然压在港口不能发货，严重影响 A 公司的正常工作。其间，外方曾在次年 1 月 17 日改证，将最后交货期改为次年 3 月 15 日。但至今仍未找到船。A 公司在次年 2 月 2 日发函要求外方在 2 月 20 日前告诉他们船信息，否则将取消合同，并且追究他们的责任。现在最后宽限期已过，A 公司发函宣布合同失效。可是，外方随即回函说他们将在 3 月 10 日前发运货物，而且如果 A 公司不经他们同意处理货物，他们将追究 A 公司的责任。问：A 公司能否自行处理该合同项下的货物？

答：从上述案情判断，A 公司的买卖合同价格条款应该是 FOB。

第九章
买卖合同的签订与履行

A公司在2月2日发函中的"次年2月20日前告知船舶信息，否则取消合同"的最后通牒不太合乎情理。理由是：

（1）从理论上说，外商展证的装运期"次年3月15日"是A公司默认了的；而今，这个期限根本就还没有到，A公司又私下将其变相地改为次年"2月20日以前"。对方不接受这个一相情愿的条件，那它就不能算数（即无效）。也就是说，A公司不能在次年3月10日以前私自处理这批合同货物，否则，就是A公司违约。

（2）A公司如果因为买方没有及时租船影响了A公司的按时交货及结汇，因此使A公司蒙受了经济损失。如果A公司觉得自己损失太大，他们就完全可以向对方如实说明正当理由，并同时要求对方给予相应的损失补偿。

（3）即使是"索赔"，也应该充分注意方法及语言的表达方式。生意场就像外交场合，非常讲究"绅士风度"，应该"轻声细语"、"喜怒不形于色"，只要把自己的意思表达清楚就可以了，切不可像法庭辩论，甚至是像吵架那样"义正词严"、"得理不让人"，因为客户是商人的上帝，不宜轻易冒犯和得罪。

7. 续接上例，问：（1）客户将第二次信用证修改开来的时候，如果A公司正式通知客户不接受改证，这一合同是否也可以视同取消？（2）可不可以在第二次信用证过期时就提出取消合同呢？（3）合同取消需不需要对方同意呢？

答：（1）不一定。按照《联合国国际货物销售合同公约》的规定，如果一方违约，在通常情况下，他还有"违约补救"的义务，也就是他应该实际履约，同时给予对方因其违约而造成损失的赔偿。只有在违约方拒绝实际履约的时候，被违约的一方才有权撤销合同并同时要求损害赔偿。这就好比一个人第一次犯了错误，只要不是大错或罪过，他人就应该给他改错的机会，而不应该一棍子就把犯错误的人打死。（2）可以。但要注意一定要及时、正式地用书面方式通知对方,并说明其撤销合同的正当和充分的理由,以免引发争议。(3) 那倒没有必要。打个比方,有人损害了你的利益且违法了,你要到法院去起诉他。起诉之前,原告还有必要事先征求被告的意见"你到底同不同意我到法院去告你"吗?

第十章

商品贸易

思考题

1. 何谓包销？何谓独家代理？

答：包销又称"经销"，是指出口商与国外进口商达成协议，把某种或某类商品在约定的地区和一定期限内的独家经营权给予该进口商的贸易方式。

代理是指委托人（Principal）即出口商与国外代理商（Agent）即中间商签订代理协议，授予其在特定地区和一定的时期内享有代销指定商品的权利。独家代理是指在特定地区、特定时期享有代销指定商品的专营权，同时不得再代销其他来源的同类商品。在独家代理方式下：(1) 委托人不得在代理协议规定的地区和时间内再委托同类商品的其他代理人，但委托人可以自己在该地区直接销售已经指定代理的商品。(2) 代理人不得再承接其他与代理协议中规定的同类商品的代理业务。（3）凡是在规定的地区和期限内做成的该项商品的交易，除非另有约定，无论是代理商做成的，还是委托人直接同进口商做成的，委托人都应该向上述两种代理商支付佣金。

2. 独家代理与包销的主要区别有哪些？

答：独家代理与包销的主要区别参见下表：

表5　独家代理与包销的主要区别

	区　别	独家代理	包　销
1	业务关系不同	委托人与代理人属于委托代理关系。	出口商与包销商属于买卖关系。
2	专营权的内容不同	代理人享有代销专营权，但委托人仍可自销。	包销人享有包销专营权，出口商不得自销。
3	盈亏负担和经营目的不同	代理人不担风险、不负盈亏，只赚取佣金。	包销人自担风险、自负盈亏，谋取利润。

3. 包销与代理各主要包含哪些内容？

答：包销协议的主要内容：（1）包销商品的范围。如果是单一产品，则为一种；如果是系列产品，则为一类。（2）包销商品的地区和时间。（3）包销的数量和金额。（4）作价办法。如果每次发货的批量小、频率高，可实行阶段性定价；如果批量大、频率低，则可逐笔协商定价。在定价的同时，还应明确规定每一批货物的支付方式。（5）其他规定。如包销商品的宣传广告及其费用。专利权、商标权的注册、保护及其费用的支付问题等。

代理协议的主要内容：（1）代理协议的商品、地区和期限。（2）代理人的权利和义务。主要包括：① 代理人是否有权代表委托人与其他人订立合同；② 代理人在一定时期内推销产品的最低限量或限额；③ 代理人不得与委托人压价竞销代理产品；④ 代理人有保护代理产品知识产权的义务；⑤ 代理人有市场调研、广告宣传代理产品的义务。(3) 委托人的权利和义务。主要有：① 委托人有权拒绝客户订单；② 委托人应按规定向代理人支付佣金；③ 委托人应该补偿代理人因其代理法律事务而发生的正常费用。(4) 佣金的支付。佣金比例、支付的业务范围、支付方式、支付时间等。

4. 包销应该注意哪些问题？

答：包销的注意事项主要有：(1) 事先做好市场调研，慎重决定采用包销方式。包销只有选择那些具有一定的市场开拓潜力、产品销路可望不断做大做强的地区。(2) 慎重选择包销商。出口商对未来的包销商一定要比较了解，如资信状况、经营理念和能力、对于经销产品的热心程度等。(3) 适当确定包销的产品范围、时间和地区。① 产品不宜过多过杂或者过于单一；② 包销时间不宜太短或太长；③ 包销地区不宜太广或太小。(4) 在包销协议中规定终止和索赔条款，以防止包销商包而不销、包而少销、垄断市场、操纵价格等情况。

5. 外贸代理主要有哪些潜在风险？

答：外贸代理主要有以下潜在风险：(1) 骗税。"骗税"是指犯罪分子使用假出口，或在出口业务中使用虚开增值税专用发票等手段骗取国家的出口退税的行为。(2) 骗汇。"骗汇"是指犯罪分子通过欺骗手段把国家或者企业的外汇以"货物买卖"为幌子骗至国外的私人户头，把国家和企业的财富变为私人财产的"洗钱"行为。(3) 走私。"走私"是指犯罪分子将出入国境的商品躲避进出口国家海关的监控，偷逃关税的犯罪行为。

6. 外贸代理应该注意哪些问题？

答：外贸代理贸易的注意事项：(1) 认清委托人。我们对委托人一定要知根知底，做到知己知彼，百战不殆。(2) 在受理委托业务之前，代理人应对国家相关的法律、法规有所了解，并用以约束自己的言论和行动，以免在随后的工作中发生无意之中的"撞车事件"。(3) 对于其代理贸易的商品有所了解。(4) 垫付资金应特别慎重。(5) 仔细酝酿和斟酌每一条外贸代理协议的条文。

7. 何谓拍卖？拍卖的形式主要有哪几种？

答：拍卖是指由拍卖行接受货主的委托，在规定的时间和地点，按照一定的章程和规则，用公开叫价的方法，将货物卖给出价最高的买主的一种贸易方式。拍卖的主要形式有三种：(1) 增价拍卖：拍卖人宣布起拍价后，由买主们竞相喊价，其价格越喊越高。(2) 减价拍卖：由拍卖人喊价。当拍卖人的喊价叫到一定价位没有买主响应时，拍卖人再喊出一个较低的价位……直到被某一位买主举牌买下或者流拍为止。(3) 密封递价拍卖又称"招标式拍卖"，密封递价，定期开标。这种拍卖方式与前两种不同，它不在公开场合公开叫买叫卖，而是由各参拍人分头秘密递价竞买，然后由拍卖人公开各个递价，并最终把拍卖的货物出售给出价最高的买主。

8. 什么是寄售？寄售对寄售人最大的风险是什么？

答：寄售，是指出口人即寄售人先将准备销售的货物运往国外寄售地，委托当地代销商按销售协议规定的条件和办法代为销售，最后由代销商向寄售人结算货款。寄售对于寄售人的风险很大，其中最大的一点风险就在于：寄售人把自己的货物交给国外的代销人是纯粹凭"信用"的，没有半点"抵押"或"牵制"的成分。万一日后代销人不守信用，不支付货款，也不退还寄售货物；或者因为代销人的经营状况发生变故而付不了款、退不了货，寄售人鞭长莫及，就很难解决这一难题。

9. 什么是补偿贸易？补偿贸易中"补偿"的办法通常有哪几种？

答：补偿贸易：是指在接受贷款的基础上，进口机器设备、技术、原材料的一方，部分或全部用所进口的机器设备、技术或原材料所生产的产品或其他产品来偿还其进口价款和利息。补偿贸易的补偿办法主要有以下几种：（1）用直接产品补偿。就是用进口设备生产出来的产品全部或部分地抵偿机械设备款项。（2）用间接产品补偿，就是用其他产品全部或部分地偿还进口设备款项。"间接产品"是指与进口的机械设备没有什么关联的产品。（3）用劳务补偿。下面将要谈到的"来料加工"其实也是一种"劳务"。（4）混合补偿。就是进口设备的一方用资金、产品和劳务等各按一定的比例逐步偿还进口设备款项。

10. 对等贸易与补偿贸易的主要区别是什么？

答：对等贸易又叫"对销贸易"或"互抵贸易"，是指由两个或多个贸易方达成协议，规定一方的进口产品可以部分或全部用出口产品来支付的贸易方式。对等贸易的形式有两种：（1）易货贸易，就是以货换货。（2）互购贸易又叫"平衡贸易"或"互惠贸易"，贸易双方根据一份议定书下的两份单独合同，甲公司购买乙公司的机械设备，乙公司再用出口机械设备收入的全部或部分款项购买甲公司的与机械设备没有关联的其他产品或劳务。

对等贸易与补偿贸易的主要区别就在于，在对等贸易中，双方互相交换的产品之间彼此没有任何关联性。例如，M公司向N公司出口飞机，M公司再用卖飞机的钱购买N公司的大米。这里的"飞机"和"大米"在产业链上没有关联性，而在补偿贸易中，双方互相交换的产品之间彼此必须带有一定的关联性。例如，A公司购买B公司的制鞋机器，随后A公司一定要用该制鞋机器生产出来的鞋子去支付B公司的制鞋机器的（全部或部分）款项。这里的"制鞋机器"和"鞋子"在产业链上具有关联性。

11. 来料加工和进料加工的主要区别是什么？

答：来料加工是指甲公司免费使用乙公司提供的原材料，加工成成品以后再卖给乙公司，成品只收取加工费。进料加工是指甲公司购买乙公司或其他公司的原材料，加工成成品以后再作价卖给乙公司或其他公司。

二者的主要区别是：(1) 来料加工中原材料的"来料"与加工后的"成品"是同一笔买卖，而进料加工中原材料的"进料"与加工后的"成品"是两笔不同的买卖。(2) 来料加工下的"成品"只能卖给提供原材料的人，而进料加工下的"成品"可以卖给任意的人。

12. "外包"是怎样一回事？采用外包业务应该注意什么问题？

答：外包在这里是指，外贸企业将客户需求的商品的全部或部分委托其他企业加工制作的行为。企业利用外部优秀的专业化资源，可以达到降低本企业的生产成本和管理成本、提高生产效率、增强企业的快速应变能力和竞争实力等目的。

采用外包业务的注意事项：(1) 外包之前一定要优选承包企业。(2) 外包合同一定要达到"确保生产任务按规定完成"的目标，力求将一些节外生枝的矛盾和问题排除在合作的全过程之外。(3) 外包期间，发包企业一定要派专人随时检查和督促生产加工现场，一旦发现问题，及时给予纠正，以确保生产加工任务的圆满完成。(4) 为了保证本企业的长远利益不受损害，下列情况之一都不适合外包：① 外包有可能泄露本企业的生产技术和商业秘密的。② 外包产品的品质、价格、交货期等项条件均达不到本企业的要求或得不到保证的。

案例分析题

1. 甲国 A 公司与乙国 B 公司签订了一份代理协议书，B 公司委任 A 公司为某种化妆品在甲国市场的独家代理。随后，A 公司积极对此化妆品进行宣传和推广销售工作,但B公司不久又独自在甲国市场发展了几家代理商。问:B公司的做法是否妥当,为什么?

答:B公司的做法违法,因为,B公司既然已经委任A公司为某种化妆品在甲国市场的独家代理了,按照"独家代理"的规则,B公司在该代理协议的有效期限内、在该独家代理区域内(即甲国)不能再聘请或指定其他人做该代理商品的代理。

2. 某手表厂与外商签订了一份补偿贸易合同,规定外商向该手表厂提供生产表壳的技术设备,合同总价为EUR28.5万,外商承诺,合同期的前两年每年向该厂回购9万只表壳,两年后降为每年5万只。该手表厂在签订合同后即向银行申请开立了以该外商为受益人的银行保函。外商交付设备后,该手表厂生产出了经外商确认的合格产品。但此后不久,外商破产,他要求该手表厂退还设备,否则,将向担保银行索赔保证金;此外,外商还以手表厂生产的产品质量不合要求为由拒绝回购产品。问:外商的做法是否合理?

答:外商的做法肯定不合理,因为:(1)外商破产,这不是手表厂违约所致。手表厂没有违约,因此,手表厂没有义务向外商退还设备,破产企业也没有权利向担保银行索赔保证金。(2)"手表厂生产出了经外商确认的合格产品",这说明手表厂的产品质量是合格的。而后来外商又以手表厂生产的产品质量不合要求为由拒绝回购产品,这分明是外商在无理取闹,是外商违约。

3. A公司与B国某公司签订了来料加工合同,由B国某公司提供全部原材料,A公司加工成成品后,全部返销B国。由于当时A国国内市场上该项产品的销路很好,价格也很高,A公司经B国公司同意,把部分产品销到了国内市场,结果被A国海关查出,A公司被海关处以重罚。问:这是为什么?

答:因为来料加工的原辅材料进入A国时,A国是按"保税货物"待遇，经海关批准未办理纳税手续进境，在境内储存、加工、装配后复运出境的货物。保税加工货物在进境之前，报关人应当办理加工贸易备案手册和申领《来料加工登记手册》。保税货物如果在其核销之前被当事人私自挪作他用（如内销等）或逾期未予核销（其中包括超过延期以后的时效），海关将视情节轻重予以征税、罚款、没收或追究责任人的刑事责任等项惩罚。

4. 2004 年 7 月，湖北省黄石市德富拍卖公司接受有关单位的委托，拍卖 3 台废旧发电机组。7 月 7 日，广东省吴川市肖某递交竞买申请，并缴纳 20 万元人民币的保证金，领取了竞买证和"36 号"竞投号牌。肖某本人因故未出席拍卖会，一名张姓男子持"36 号"竞投号牌以 385 万元人民币的价格拍得货物，并以肖的名义签署成交凭证和成交确认书。包括 19.3 万元人民币的拍卖费用及税收等在内，肖某应实际付款 404.3 万元人民币。成交以后，德富公司多次催促肖付款，肖以"成交确认书是他人签名"为由拒绝。2004 年 11 月 17 日，德富公司再度将发电机组拍卖，成交价为 218 万元人民币，同时以"肖违反拍卖合同"为由，将肖告上法庭。问：法庭应该如何判决此案，为什么？

答：此案的法院判决结果是：黄石市中级人民法院最终判定广东省吴川市肖某赔付 CNY186.3 万元（依据是：404.3 万元－218 万元）。因为肖某的代理人张某在拍卖成功之后还代理肖某签署了销售确认书。

另外：(1) 如果张某举牌竞买以后不签约，肖某只需赔付"参拍保证金"即可。(2) 在如此重大的经济活动中，老板一定要事必躬亲，万不可轻易指定他人代理为之。同时，自己心里没有底，切不可随便充当他人的代理。否则，损失和教训将很可能是惨痛的。(3) 做任何事情千万不要冲动，冲动很容易被假象迷惑，铸成大错。

5. 2001年12月8日受广东国际信托投资公司破产清算组委托，安华白云拍卖行有限公司、盘龙企业拍卖股份有限公司、广东景茂拍卖行有限公司和广东省拍卖行四家拍卖机构在广州联合主持广东国际大厦的拍卖。广东国际大厦楼高200米，主楼63层，曾为中国内地第一高楼，雄踞广州环市东路黄金地段，是广州的标志性建筑，评估的市场价值是20.11亿元人民币。此次拍卖公告规定，有意竞买者须在拍卖前缴付拍卖保证金1亿元，拍卖起拍价格为16亿元，有4位买家的代表到现场参与竞买。经过20次叫价，买家没有人应价，拍卖失败。2002年1月30日，广东国际大厦进行第二次拍卖，竞买者缴纳的保证金降为5千万元，起拍价也降为13亿元，有两个买主参拍，最终又因无人应价而再度流拍。问：拍卖失败的原因在哪里？

答：流拍的主要原因是拍卖人没有摸准市场行情，过分高估了拍卖商品的市场价值。

第十一章

混合贸易

思考题

1. 公开招标和选择性招标有什么不同?

答:公开招标是指招标人通过登报刊登招标公告,将招标的意图和基本要求公布于众,邀请有关企业和组织参与投标。选择招标又称"邀请招标",这是一种非公开的招标方式。招标人不公开发布招标公告,而是根据自己所掌握的业务信息,特邀相关企业参与投标。被特邀的企业一般被认为是生产或建设经验丰富,技术、设备精良,在同行业中享有较高声誉的企业和部门。

二者的主要区别就好比选举中的"海选"和"差额选举"的差别一样,前者事先不限制任何投标人报名投标的资格,而后者却是招标人对投标人有所选择，甚至是有所邀请的。

2. 招标投标与拍卖在竞争方式上有什么不同？

答：(1) 投标是"竞卖"（商品、劳务或工程项目），而拍卖却是"竞买"（商品）；(2) 投标的报价（竞价）是一次性的，而拍卖的报价却通常是多次的，直到没有其他人再往上竞报（举牌）为止；(3) 投标的竞争是多角度、多方位的，"低价"只是投标人竞争获胜的一个最重要的因素，并非出低价必然获胜；而拍卖竞争却非常简单：谁出的价格最高，谁就必然获胜，并不需要考虑其他因素。

3. 国际招标投标主要适用于哪几种经济项目？

答：招标投标适用的范围主要有以下两个方面：(1) 物资采购。如办公设施和用品、教育器材、医疗设施、各种实用技术、成套机械设备、飞机、船舶以及建筑材料等。(2) 承包工程：① 工程或项目的整体承包。如青藏铁路的设计、建设、运行和维护的整体工程等。② 工程或项目的个体项目承包。如三峡水利枢纽工程中的道路及桥梁建设工程项目、大江截留工程项目、船闸工程项目、库区移民工程项目、库区生态平衡与环境保护项目、发电机组的生产及安装调试运行项目、超高压输变电线路的架设项目等。③ 工程的劳务承包。如中国众多的工程公司在中东、南亚、非洲等地承建的工程项目等。

4. 招标投标业务中所涉及的投标担保和履约担保各有什么作用？

答：在招标投标业务中，"投标保证金"与"履约保证金"的原理和性质相似但作用不同。"投标保证金"是为了防止投标人中了标又"反悔"，不与招标人签约承建或承购工程项目的，而"履约保证金"则是为了防止中标人在工程项目的采购和施工建设中违约。

5. 国际租赁贸易有哪些主要形式和特点?

答:国际租赁贸易的主要形式有:(1)金融租赁,又叫"融资租赁"或"资本租赁",出租人垫付机器设备款项或筹措融资(利用信贷)生产或购买设备供承租人租用。(2)杠杆租赁,也叫"衡平租赁"或"减税租赁",出租人自筹部分设备价款(20%~25%),其余大部分资金向金融机构借款,以购买设备供承租人租用。(3)经营租赁,也叫"业务租赁"或"使用租赁",出租人将设备直接租赁给承租人使用,所有权不转移,出租人要负责保养、维修和管理等项义务。(4)维修租赁,也叫"服务租赁",出租人在出租设备的同时,还要派技术人员负责租赁商品的牌照登记、年审、保险、缴纳税费、维修、检验以及某些特殊燃料、零配件的供应等项服务。(5)回租租赁,是指制造厂家将自己生产的机器设备先出售给租赁公司,所有权发生转移,然后再从租赁公司将其回租使用。

国际租赁的主要特点是:(1)承租人用运营设备的收入购买设备的使用权,以取代自筹资金购买设备的所有权。承租人先把出租人的机器设备借来投入生产,然后用生产的收入去向出租人支付租金,这样,承租人就不用自己筹措资金去购买这种机器设备了。(2)在租赁期内,设备的所有权归出租人,使用权归承租人。(3)租赁期一般为3~5年,也可长达10年以上。(4)出租人可以享受税负优惠,承租人也可获得延期支付税款的待遇。

6. 借助互联网的电子商务与借助"电子数据交换"的电子商务比较,主要具有哪些优势?

答:借助互联网的电子商务与借助"电子数据交换"的电子商务比较,主要具有以下优势:(1)费用低廉。"Internet"是一种开放性网络,其租用收费比较低,大约只相当于"VANs"的25%。(2)覆盖面广。"Internet"几乎遍及全球各地,用户通过电话线路就可以传递信息和文件,这为人们的商业活动提供了极大的便利。(3)功能更多。"Internet"几乎可以满足所有用户不同层次的商业目的,如电子广告、在线洽谈、虚拟商场、网上银行,等等。(4)运作简便。任何格式和文本的文件和单据都可以直接通过"Internet"传输,不需翻译,任何人都能直接接收或使用。

7. 电子商务主要面临着哪些问题?

答:当前电子商务面临着以下几点亟须解决的问题:(1)法律问题。电子商务亟待建立一套各国法律认同、电子商务市场的所有参与者共同遵守的电子商务规则等。(2)标准化问题。"电子商务标准化"是指为在该领域获得最佳程序,针对实际和潜在的问题,制定出一套共同遵守和重复使用的规则。(3)税收问题。现在,有大量的数字产品,如软件、信息等都是可以在互联网上交付的。这就为税务机关追踪和确定交易人及其交易所在的地址,增添了新的课题。(4)安全问题。有效保障通信网络、信息系统的安全程度,确保信息的真实性、保密性、不可否认性和不可更改性,防止非法侵入使用、盗用、修改和破坏电子信息等,是营造一种可信赖的电子商务环境的另一大迫切任务。

案例分析题

1. 某农场主在×年 5 月份预计 9 月份至少可收获 10 000 蒲式耳(1 蒲式耳约合 36 升)大豆。5 月份大豆现货价格为 USD6.50/bu,当年 9 月份大豆的期货价格为 USD6.25/bu。假设到 9 月份大豆的现货价格降到了 USD6.00/bu,交易所每份大豆期货合同为 1 000 蒲式耳。问:该农场主应该如何防范 9 月份大豆上市时价格下跌的风险?

答:这位农场主为了防止当年 9 月份大豆价格下跌给自己生产的大豆造成损失,可做如下操作:

表6 套期保值举例

时间	现货市场	期货市场
×年5月12日	大豆价格：USD6.50/bu，10 000bu 合 USD65 000.00	卖出9月份大豆期货10份合同（合10 000bu），价格：USD 6.25/bu，计 USD62 500.00
×年9月12日	收获大豆 10 000bu，价格：USD6.00/bu，计 USD60 000.00	对冲：10份合同（合 10 000bu），价差（6.25－6.00）×10 000＝USD2 500.00
结果减少亏损 USD2 500.00	亏损 USD5 000.00	盈利 USD2 500.00

2. 某外贸公司在×年11月份与外商签订了一份出口水泥5 000MT的买卖合同，装运期为次年4月份。如果该公司届时必须事先在国内市场上购进这批出口水泥的货源，但又要防止4月份因为水泥可能降价造成的风险损失，该公司应该怎样做才比较稳妥？

答：外贸公司在购进5 000MT水泥以备次年4月份出口的同时，到期货市场上卖出同等数额的3月份交割的水泥期货合同。如果届时水泥价格下跌了，就用期货的赚头去弥补现货的亏损；反之，就用现货的赚头去弥补期货合约的损失。

另外，

（1）如果外贸公司能够有把握看准水泥行市在次年4月份肯定会涨，那他在提前购进水泥时，就可以不做卖出期货的套期保值买卖。

（2）期货交割期限一般只限于在3、6、9和12月份进行，其他月份只能购买合约，但不能交割。

第十二章

技术贸易

思考题

1. 什么叫"知识产权"?

答:知识产权是指对智力活动创造的精神财富所享有的权利。知识产权受到法律的保护,包括工业产权、著作权(版权)、发明权和发现权等。

2. 什么是国际技术贸易?国际技术贸易与国际商品贸易主要有哪些区别?

答:国际技术贸易,是指不同国家的企业之间就制造某项产品、管理某项生产或提供某项服务的系统知识所进行的有偿交易。国际技术贸易与国际商品贸易的区别参见下表:

表 7　技术贸易与商品贸易的主要区别

主 要 区 别	技术贸易的特点	商品贸易的特点
(1) 贸易标的不同	智力产品——无形商品	有形商品
(2) 转移的权利不同	标的的使用权	标的的所有权
(3) 确定价格的因素不同	使用技术带来的经济效益	价格＝成本＋费用＋利润
(4) 卖方的义务不同	提供合格的技术资料、技术培训和服务	交付符合合同规定的产品
(5) 贸易的当事人不同	同行，既合作、又竞争	一般不同行，无竞争

3. 专利权具有哪些特点？取得专利权应该具备哪几个条件？

答：专利权具有以下三大特点：(1) 独占性。① 专利权在一定期限内对其发明创造拥有独立实施权，包括占有、使用和处置的权利。② 可以允许他人有偿使用。③ 即使其他人后来也掌握了该项发明创造，也不能获得该项专利权。(2) 地域性。发明的专利在哪个国家申请、批准，就只受该国法律保护。(3) 时间性。对专利权实施法律保护的期限：① 一般为 15～20 年；② 世界贸易组织（WTO）主持制定的《与贸易发展有关的知识产权协定》规定为 20 年；③ 我国专利法规定，从申请之日起算，发明专利为 20 年、实用新型和外观设计专利为 10 年。

取得专利权必须同时具备以下条件：(1) 新颖性：① 在现有技术中尚未有过的。② 对前人已经发明创造出来的产品进行适当的加工改造，使之成为一种新型的产品。(2) 创造性：与以前的技术相比，该项发明具有突出的实质性特点和显著的进步。(3) 实用性：该项发明能够用于工、农、林、渔、商等产业部门，并能产生积极的效果。

4. 我国的专利分为哪几种？

答：我国的专利可分为三种：（1）发明专利，是指对技术问题提出的一种新的解决方案。发明专利包括两种：① 产品发明专利，如机器、仪器、设备等。② 方法发明专利，如机器制造法、化学制造法等。（2）实用新型专利：对产品的形状、构造等所提出的适用的新技术方案。（3）外观设计专利：对产品的形状、图案、色彩等所作的富于美感并适用于工业应用的新设计。

5. 授予专利权的原则是什么？什么叫"优先权原则"？

答：目前，国际上授予专利权主要有两种：（1）发明在先原则：将专利授予最先做出发明的人或其受让人。如美国、加拿大和菲律宾等少数国家就适用这种原则。（2）申请在先原则：将专利权授予最先提出专利申请的人。我国和世界上大多数国家一样，都适用"申请在先原则"。

优先权原则是指：如果某人在《保护工业产权巴黎公约》某一成员国第一次申请了专利或商标注册，只要他在第一次申请了发明专利或实用新型以后的 12 个月以内，或者他在第一次申请了外观设计专利或商标注册以后的 6 个月以内，到另一个成员国申请该项专利或商标注册，则其申请日视同为第一次申请的日期。

6. 取得商标权的条件有哪些？商标的侵权行为主要有哪些？

答：取得商标权的条件主要有：（1）商标应以文字、图形或其他组合构成；我国还允许注册立体商标。（2）商标应具备可识别性，且不属于法律禁用的范围。（3）必须不同于或不近似于他人已经取得商标权的商标。例如，市场上出现的一种用"Pama"服饰商标仿造"Puma"、用"两枝花"洗衣粉商标仿造"一枝花"等，就属于违反此条规范的行为。

商标的侵权行为包括：（1）未经注册商标所有人的许可，在同一种商品或类似商品上使用与其相同或类似的商标。(2) 销售明知是假冒注册商标的商品。销售假烟、假酒、假名牌、盗版书籍和盗版光盘的行为都属于侵权行为。(3) 伪造、销售他人的注册商标标识。不经过商标所有人的授权或允许，擅自生产、制造、兜售别人已经注册的商标标志，都是违法的。(4) 给他人的注册商标专用权造成其他损害。例如，在假冒伪劣商品上加贴注册商标的行为本身就是对品牌商标的严重损害。

7. 专有技术与专利技术的主要区别是什么？

答：专有技术与专利技术的区别参见下表：

表 8 专有技术与专利技术的主要区别

区 别	专 利 技 术	专 有 技 术
(1) 在产权归属上	属于知识产权的范畴	不属于知识产权的范畴
(2) 在保密性上	公开，不保密	尽量保密
(3) 在保护期限上	专利权有保护期限	不泄密，众人不知；一旦泄密，人人可无偿使用
(4) 在法律上	受注册国的法律保护	实际上，在很多情况下法律难以保护

8. 版权的保护期有哪些具体规定？

答：版权的保护期规定如下：(1) 作者的署名权、修改权、保护作品的完整权等项权利的保护期不受时间限制。(2) 公民的作品发表权、使用权及获得报酬的权利的保护期为作者终生以及作者死后 50 年。(3) 法人或非法人单位的作品，著作权（署名权除外）系由其单位享有的职务作品，其发表权、使用权的获得报酬权利的保护期为 50 年。"职务作品"，通俗地说，就是以某种"官衔"身份发表或出版的作品。(4) 电影、电视和摄影作品的发表权、使用权和获得报酬权的保护期为 50 年。

9. 许可贸易有哪些形式和特点？

答：许可贸易也称"许可证贸易"，是指专利、商标或专有技术等的所有人与受让人签订合同，所有人允许受让人利用其技术制造、销售或进口产品的技术交易行为。许可证合同的种类主要形式和特点有：（1）独占许可：在合同规定的地域和时间内，被许可人对合同所许可的专利技术、商标或专有技术具有独占的使用权。许可人和其他人都不能在该地域内使用所规定的专利、商标或专有技术制造和销售产品。（2）排他许可：又称"独家许可"，指在合同规定的地域和时间内，被许可人和许可人皆有权使用所许可的专利技术、商标和专有技术制造和销售产品，但其他人则不能。（3）普通许可：在规定的地域和时间内，被许可人和许可人都拥有合同所规定的专利、商标和专有技术的使用权。此外，许可人还可以把该项使用权再转让给其他人。（4）可转让许可：又称"从属许可"，被转让人可在其被许可的地域和时间内，以自己的名义与第三者签订再许可合同，获取技术转让费。（5）交叉许可（Cross License）：双方签订协议，相互许可对方使用自己的技术，一般双方均不需付费。

10. 合资经营、合作经营和"BOT"各是什么意思？

答：合资经营也称"股权式经营"，国外企业或个人与东道国企业或个人根据双方达成的合资协议，各按一定比例出资，组成一个新的独立经营的企业。

合作经营又叫"契约式经营"，指外国企业或个人与东道国企业或个人根据双方达成的合作协议，在某项或某类产品的生产、销售或国际承包工程上进行合作。

BOT（Build-Operate-Transfer，建设—经营—转让），指外国投资者与东道国政府签订特许协议，由投资者自己投资承建某个项目，并在该项目竣工以后自己经营一定时期，以收回全部投资的本金和利息以及一定的利润。经营限期届满后,投资者将该项目无偿地移交给东道国政府。

案例分析题

1. A国某卖方经常使用B国某客户提供的印花布图案生产出印花布出口给该买方。20××年年初,卖方突然接到C国某商号的来函,他们认为卖方出口的上述花布图案属于他们的专利产品,卖方侵犯了他们的权益,并且提出侵权赔偿要求。问:卖方的行为是否构成了专利侵权,为什么?

答:卖方的行为是否构成侵权,主要取决于以下三个方面:(1)专利权具有地域性,当事人需要调查C国某商号的这种印花布图案是否已经在B国申请了专利,如果是,就构成侵权,否则就没有;(2)专利权具有时间性,如果C国某商号的这种印花布图案已经在B国申请了专利,而且仍然在专利的保护期以内,就构成侵权,如果已经过期就没有;(3)即使他已经申请了专利,且在专利的保护期以内,但如果出口商与进口商的买卖合同中事先已经明确规定了诸如"此种印花布图案系由买方提供,如果由此造成任何侵权事宜,卖方不承担任何法律后果"等条款,卖方就不构成侵权,否则就构成。

2. 德国有一个运动服装品牌叫"adidas";在我国,有人就用"adibas"做他们生产销售的鞋类商标。问:这种行为是否构成侵权,为什么?

答:这种行为构成侵权,因为这属于"未经注册商标所有人的许可,在同一种商品或类似商品上模仿使用他人注册的驰名商标,容易使相关公众产生误认,致使该驰名商标注册人的利益可能受到损害"的行为。

3. 现在欧盟有些国家的有关部门对那些穿着假冒伪劣品牌服装的人实行罚款措施，对外国人也不例外。问：这种措施是根据什么理由做出来的？

答：这种措施根据的理由是：假冒伪劣商标服饰的穿戴者的行为属于"给他人的注册商标专用权造成其他损害的"商标侵权行为中的"故意为侵犯他人注册商标专用权行为提供仓储、运输、邮寄、隐匿、加工、生产工具、生产技术或者经营场地等便利条件"的行为。

4. 某市场上有"黄鹤楼"牌的白酒，同时也有"黄鹤楼"牌的香烟，这两种商标的图案和篆体字的形状、颜色都十分相似。但是，酒厂和烟厂根本就不是同一家企业。问：工商管理部门为什么为这两家企业的同一名称的商标都给予了注册？

答：工商管理部门为上述两家企业的同一名称的商标都给予注册，依据的是"不同种类的商品的同名或同类商标在我国不构成侵权，并被允许分别注册"的原则。

第十三章

服务贸易

思考题

1. 国际工程承包的主要特点是什么？

答：国际工程承包，是指一个国家（或地区）的企业通过竞标方式获得另一个国家（或地区）某个工程项目的承建资格，从而利用自己所拥有的先进生产技术和丰富的经营管理经验来建设该工程项目的一种经营方式。

国际工程承包的主要特点有以下几点：(1) 工程内容复杂。整个工程包括咨询、勘察、设计、土木施工建设、大型机器设备的采购、安装、调试、运行、保养、维修以及相关技术人员的培训等项工作。(2) 整个工程包括咨询、勘察、设计、土木施工建设、大型机器设备的采购、安装、调试、运行、保养、维修以及相关技术人员的培训等项工作。(3) 工程的工作量巨大、建设周期漫长。

2. 国际工程承包有哪些主要方式？

答：国际工程承包主要有以下几种方式：（1）总包。是指从对工程的投标报价、谈判、签订承包合同到组织合同实施，其中包括对内对外转包等，都由承包商对业主负担全部责任。（2）分包。是指业主把一项工程分成数个子项或几个部分，分别发包给数个承包商，这些承包商之间的关系彼此是独立的，他们分别对业主负责，并由业主自己负责对整项工程的组织和协调工作。（3）转包。是指总承包商或分包商在征得业主的同意以后，把自己承包工程中的子项或子项中的某部分工程转包给其他的承包商去建设的行为。（4）半交钥匙工程承包。是指承包人只要保证工程项目的技术指标符合合同规定的标准、机器设备能够正常运转等，就算完成了工程承包责任。承包人不用负责这些机器设备所生产的产品的质量、产量、原材料的耗费等达到某种特定的指标。（5）交钥匙工程承包。又叫"一揽子合同"或"统包式工程承包"，是指承包商从方案的选择、规划、设计、建设施工、设备供应与安装调试、技术人员的培训等全部工程项目一包到底的工程承包行为。工程完工以后，承包商在工程项目正式移交给业主（发包人）之前，还要负责工程设备的试运行，并且确保整个工程都达到原承包合同所规定的质量指标。（6）产品到手工程承包。又叫"保产工程承包"，是指承包工程在达到了交钥匙工程承包要求以后，还必须保证在该项工程项目正式开工投产以后的较长一段时间内，如两年或三年，这些机器生产正常、产品质量稳定、生产的数量达到合同规定的标准；同时，在这段时间内，承包商还要负责机器设备的技术指导和培训、设备的保养与维修等项任务。

3. 国际工程承包合同的主要内容有哪些？

答：国际工程承包合同的主要内容有：（1）合同标的；（2）承

包商的责任；(3) 业主的责任；(4) 工程价格；(5) 付款办法及银行担保；(6) 工程变更条款等。

4. 国际劳务合作的种类主要有哪些？

答：国际劳务合作是指劳动力在国际间的流动，包括劳动力输出和劳动力输入两方面。它是第二次世界大战以后才蓬勃兴起的一种国际经济合作形式。

国际劳务合作的种类：(1) 按劳动力的流动方向可分为劳务输出和劳务输入；(2) 按劳务的性质可分为生产型劳务合作和非生产型劳务合作；(3) 按劳务输出的方式可分为：① 对外承包工程带动的劳务输出，② 由对外投资带动的劳务输出，③ 根据劳务合同直接输出劳务，④ 境内劳务输出。

5. 国际劳务合作合同的主要内容有哪些？

答：国际劳务合作合同的主要内容有：(1) 序言部分。包括双方当事人的名称、地址、合同名称以及合同的订立日期。(2) 主文部分。主要有：① 双方当事人的责任和义务。② 劳务人员的种类和劳务范围，如工种、工龄等。③ 工作条件与安全保障。劳务人员不得在有害身体健康或危险的现场进行工作。④ 劳务费用的计算和支付。⑤ 劳务人员的解雇和更换。⑥ 假期安排。应该结合劳务输出输入国家的法律和惯例、客观条件等因素，对劳务人员在合作期间的休假制度作出明确、具体的规定，以保障劳务人员的合法权益和身心健康。⑦ 赔偿方法：凡劳务不能按期派遣或任意取消部分人员，或擅自终止合同，则派遣方应负担违约赔偿。⑧ 争议解决方法以及程序的界定。(3) 结尾部分。包括合同的保密、合同的终止等内容。

书目介绍

乐贸系列

书名	作者	定价	书号	出版时间

📖 外贸操作实务子系列

书名	作者	定价	书号	出版时间
1. 报检七日通	徐荣才　朱瑾瑜	22.00元	978-7-80165-715-2	2010年8月第1版
2. 实用外贸技巧助你轻松拿订单	王陶(波锅涅)	25.00元	978-7-80165-724-4	2010年4月第1版
3. 外贸业务经理人手册（第2版）	陈文培	39.00元	978-7-80165-671-1	2010年1月第1版
4. 外贸会计实务精要	疏影	28.00元	978-7-80165-633-9	2009年5月第1版
5. 外贸实用工具手册	本书编委会	32.00元	978-7-80165-558-5	2009年1月第1版
6. 外贸实务经验分享33例	沱沱网中文站	28.00元	978-7-80165-560-8	2009年1月第1版
7. 外贸实务案例精华80篇	刘德标　吴珊红	29.80元	978-7-80165-561-5	2009年1月第1版
8. 快乐外贸七讲	朱芷萱	22.00元	978-7-80165-373-4	2009年1月第1版
9. 危机生存——十位经理人谈金融危机下的经营之道	本书编委会	22.00元	978-7-80165-586-8	2009年1月第1版
10. 外贸七日通（最新修订版）	黄海涛（深海鱿鱼）	22.00元	978-7-80165-397-0	2008年8月第3版
11. 金牌外贸业务员找客户——17种方法·案例·评析	陈念祥　张思羽	35.00元	978-7-80165-543-1	2008年8月第2版
12. 出口营销实战（最新修订版）	黄泰山	38.00元	978-7-80165-306-2	2008年5月第2版
13. 出口营销策略（《出口营销实战》升级版）	黄泰山　冯斌	35.00元	978-7-80165-459-5	2008年5月第1版
14. 进口实务操作指南——步骤·实例·经验技巧	中国进口网	55.00元	978-7-80165-493-9	2008年5月第1版

📖 出口风险管理子系列

书名	作者	定价	书号	出版时间
1. 出口风险管理实务（第二版）	冯斌	48.00元	978-7-80165-725-1	2010年4月第2版
2. 50种出口风险防范	王新华　陈丹凤	35.00元	978-7-80165-647-6	2009年8月第1版

📖 外贸单证操作子系列

书名	作者	定价	书号	出版时间
1. 信用证审单有问有答280例	李一平　徐珺	37.00元	978-7-80165-761-9	2010年8月第1版

书名	作者	定价	书号	出版时间
2. 外贸单证经理的成长日记	曹顺祥	38.00元	978-7-80165-716-9	2010年3月第1版
3. 外贸单证解惑280例	龚玉和 齐朝阳	38.00元	978-7-80165-638-8	2009年7月第1版
4. 信用证6小时教程	黄海涛（深海鱿鱼）	25.00元	978-7-80165-624-7	2009年4月第2版
5. 跟单高手教你做跟单	汪 德	32.00元	978-7-80165-623-0	2009年4月第1版
6. 外贸单证处理技巧（第3版）	屈 韬	42.00元	978-7-80165-516-5	2008年5月第1版
7. 进出口单证实务案例评析	袁永友 柏望生	33.00元	978-7-80165-371-8	2006年8月第1版

📖 福步外贸高手子系列

书名	作者	定价	书号	出版时间
1. 小小开发信 订单滚滚来——外贸开发信写作技巧及实用案例分析	薄如骢	26.00元	978-7-80165-551-6	2008年8月第1版
2. 外贸技巧与邮件实战	刘 云	28.00元	978-7-80165-536-3	2008年7月第1版

📖 国际物流操作子系列

书名	作者	定价	书号	出版时间
1. 货代高手教你做货代——优秀货代笔记	何银星	25.00元	978-7-80165-696-4	2010年1月第1版
2. 国际物流操作风险防范——技巧·案例分析	孙家庆	32.00元	978-7-80165-577-6	2009年4月第1版
3. 集装箱运输与海关监管	赵 宏	23.00元	978-7-80165-559-2	2009年1月第1版

📖 通关实务子系列

书名	作者	定价	书号	出版时间
1. 如何通过原产地证尽享关税优惠	南京出入境检验检疫局	50.00元	978-7-80165-613-8	2009年4月第3版
2. 海关进出口商品归类基础与训练	温朝柱	36.00元	978-7-80165-496-0	2009年1月第1版
3. 最新报关单填制实用辅导	盛新阳 彭飞	38.00元	978-7-80165-497-7	2008年10月第1版
4. 最新商品归类技巧	赵 宏	38.00元	978-7-80165-520-2	2008年9月第1版
5. 报关实务一本通	苏州工业园区海关	28.00元	978-7-80165-518-9	2008年6月第1版

📖 彻底搞懂子系列

书名	作者	定价	书号	出版时间
1. 彻底搞懂贸易术语	陈 岩	33.00元	978-7-80165-719-0	2010年2月第1版
2. 彻底搞懂海运航线	唐丽敏	25.00元	978-7-80165-644-5	2009年7月第1版

书名	作者	定价	书号	出版时间
3. 彻底搞懂信用证	王腾 曹红波	29.80 元	978-7-80165-639-1	2009 年 7 月第 1 版
4. 彻底搞懂提单	张敏 赵通	29.80 元	978-7-80165-602-5	2009 年 6 月第 1 版
5. 彻底搞懂关税	孙金彦	29.00 元	978-7-80165-618-6	2009 年 6 月第 1 版

📖 外贸英语实战子系列

1. 外贸英语函电实战	梁金水	25.00 元	978-7-80165-705-3	2010 年 1 月第 1 版
2. 外贸英语口语一本通	刘新法	29.00 元	978-7-80165-537-0	2008 年 8 月第 1 版
3. 英汉物流词汇精析 ——结合实务操作	应海新	68.00 元	978-7-80165-517-2	2008 年 5 月第 1 版

📖 外贸谈判子系列

外贸谈判策略与技巧	赵立民	26.00 元	978-7-80165-645-2	2009 年 7 月第 1 版

📖 国际商务往来子系列

国际商务礼仪大讲堂	李嘉珊	26.00 元	978-7-80165-640-7	2009 年 12 月第 1 版

📖 贸易展会子系列

外贸参展全攻略	钟景松	28.00 元	978-7-80165-552-3	2008 年 10 月第 1 版

📖 区域市场开发子系列

中东市场开发实战	刘军 沈一强	28.00 元	978-7-80165-650-6	2009 年 9 月第 1 版

📖 国际结算子系列

1. 国际结算函电实务	周红军 阎之大	40.00 元	978-7-80165-732-9	2010 年 5 月第 1 版
2. 出口商如何保障安全收汇 ——L/C、D/P、D/A、O/A 精讲	庄乐梅	85.00 元	978-7-80165-491-5	2008 年 5 月第 1 版

📖 国际贸易金融工具子系列

1. 出口信用保险 ——操作流程与案例	中国出口信用 保险公司	35.00 元	978-7-80165-522-6	2008 年 5 月第 1 版
2. 福费廷	周红军	26.00 元	978-7-80165-451-9	2008 年 1 月第 1 版

📖 加工贸易操作子系列

加工贸易企业 关务作业统筹	熊斌	29.80 元	978-7-80165-423-6	2009 年 3 月第 1 版

书名	作者	定价	书号	出版时间
乐税子系列				
1. 生产企业免抵退税从入门到精通	中国出口退税咨询网	98.00 元	978-7-80165-695-7	2010 年 1 月第 1 版
2. 出口涉税会计实务精要（《外贸会计实务精要》第 2 版）	龙博客工作室	32.00 元	978-7-80165-660-5	2009 年 9 月第 2 版
专业报告子系列				
1. 国际工程风险管理	张 燎	1980.00 元	978-7-80165-708-4	2010 年 1 月第 1 版
2. 涉外型企业海关事务风险管理报告	《涉外型企业海关事务风险管理报告》研究小组	1980.00 元	978-7-80165-666-7	2009 年 10 月第 1 版
外贸企业管理子系列				
小企业做大外贸的四项修炼	胡伟锋	26.00 元	978-7-80165-673-5	2010 年 1 月第 1 版
国际贸易金融子系列				
国际贸易金融服务全程通	赵小凡 张丽君 张贝	39.80 元	978-7-80165-759-6	2010 年 8 月第 1 版

"实用型"报关与国际货运专业教材

书名	作者	定价	书号	出版时间
1. 报关实务（第 2 版）	杨鹏强	39.00 元	978-7-80165-758-9	2010 年 7 月第 2 版
2. 报检实务	孔德民	30.50 元	978-7-80165-717-6	2010 年 5 月第 1 版
3. 国际贸易单证实务	丁行政	45.00 元	978-7-80165-706-0	2010 年 2 月第 1 版
4. 国际货运代理操作实务	杨鹏强	45.00 元	978-7-80165-709-1	2010 年 1 月第 1 版
5. 航空货运代理实务	杨鹏强	37.00 元	978-7-80165-707-7	2010 年 1 月第 1 版
6. 进出口商品归类实务	林青	39.50 元	978-7-80165-667-4	2009 年 12 月第 1 版
7. 进出口商品归类实务——实训题参考答案	林青	12.00 元	978-7-80165-692-6	2009 年 12 月第 1 版
8. 现代关税实务	李齐	30.00 元	978-7-80165-643-8	2009 年 8 月第 1 版

待出：

1. 电子口岸实务

书名	作者	定价	书号	出版时间

2. 国际集装箱班轮运输实务
3. 供应链管理实务

"精讲型"国际贸易核心课程教材

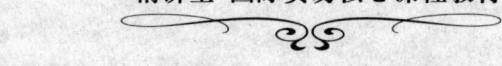

书名	作者	定价	书号	出版时间
1. 国际贸易实务精讲（第4版）	田运银	45.00元	978-7-80165-764-0	2010年9月第4版
2. 国际贸易实务疑难解答	田运银	20.00元	978-7-80165-718-3	2010年9月第1版
3. 国际贸易单证精讲（第2版）	田运银	42.00元	978-7-80165-669-8	2010年1月第2版
4. 集装箱运输系统与操作实务精讲	田聿新 杨永志 汤玮	38.00元	978-7-80165-642-1	2009年7月第1版
5. 国际货运代理实务精讲	杨占林	39.00元	978-7-80165-636-0	2009年6月第1版
6. 海关法教程（第2版）	刘达芳	40.00元	978-7-80165-605-6	2009年3月第1版

待出：

1. 国际贸易规则与惯例实务精讲
2. 国际营销实务精讲
3. 国际商务谈判实务精讲
4. 国际结算实务精讲
5. 报关实务精讲
6. 外贸业务员英语实务精讲
7. 国际投资实务精讲
8. 国际技术贸易实务精讲

电子商务大讲堂·外贸培训专用

书名	作者	定价	书号	出版时间
1. 外贸操作实务	本书编委会	30.00元	978-7-80165-621-6	2009年5月第1版
2. 网上外贸——如何高效获取订单	本书编委会	30.00元	978-7-80165-620-9	2009年5月第1版
3. 出口营销指南	本书编委会	30.00元	978-7-80165-619-3	2009年5月第1版
4. 外贸实战与技巧	本书编委会	30.00元	978-7-80165-622-3	2009年5月第1版

以上图书均可在当当网、卓越网及各地新华书店等处购买。若有其他购书意向，请与本社发行部联系，联系电话：(010)65194203。

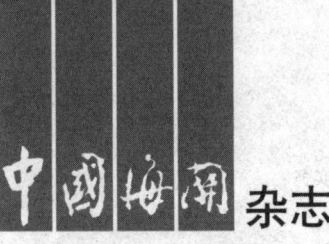

《中国海关》杂志

中／华／人／民／共／和／国／海／关／总／署／主／管

为通关者创造财富

第三届国家期刊奖百种重点期刊
中国唯一海关知识性权威月刊
每期随刊赠送《中华人民共和国海关总署文告》光盘

Power of Information 信息就是竞争力！

每期随刊赠送《中华人民共和国海关总署文告》光盘

《中国海关》杂志是中国海关知识性权威月刊，立足海关，面向社会尤其是进出口企业。它权威解读通关政策，详尽介绍海关监管信息，深度透析我国贸易动向，为通关者提供独家的资讯财富。

China Customs Monthly is an authorized publication on customs knowledge in China. Sponsored by China Customs, the magazine has been striving to provide the most valuable information for the public, especially for the enterprises engaged in international businesses, with its official interpretation of China's clearance policies, detailed reports on customs supervision, and in-depth analysis of Chinese trade.

进出口企业手中宝典 Bible of Import and Export

《中国海关》杂志为月刊，大16开国际流行版式，全彩精美印刷
定价（含邮资）：26元/期，312元/年
港澳台地区及外定价：15美元/期，180美元/年
HongKong,Macao,Taiwan and overseas price: $15 each, $180 one year

国内统一刊号	CN11-2553/Z
国内邮发代号	2-838
国际标准刊号	ISSN1001-0637
海外发行代号	M-1081

中国海关杂志社编辑出版的其他刊物 Our other publications

中国海关统计年鉴
（中、英文版）
1800元/上、中、下卷

《中国海关统计年鉴》是按年度发表的中国对外贸易最详细的统计数据，是优秀外贸企业制定进出口战略必备的可信资料。

China Customs Statistics Yearbook is the most detailed statistics of China's foreign trade. It will be a valuable reference for firms to establish their import and export strategy.

中国对外贸易指数
（月刊）
70元/期，840元/年

《中国对外贸易指数》反映的是我国一定时期进出口商品、价格和数量变动趋势及幅度的月刊，是洞察市场行情、驾驭市场风云的宝贵资讯。

China's External Trade Indices Monthly focuses on the changes of structures, prices, and quantities of imported and exported goods in China. Through these data, readers will be able to find out the shift trend of Chinese foreign trade.

China's Customs Statistics
（月刊，中、英文版）
60元/期，720元/年

《海关统计》是中国进出口货物贸易数据月度信息，由中国海关收集、整理和编制，具有权威、全面和国际可比性，是社会各界尤其是进出口企业及时了解国际贸易行情的重要工具。

China's Customs Statistics releases monthly import and export figures of China. The official data collected by China Customs cover all sectors of Chinese foreign trade. This, along with the data's international comparability, will help firms in comprehending the foreign trade market.

订阅办法 How To Subscribe

Ⓐ 直接向本刊运营部订阅(订阅电话: 13911533857/13701293970)
From the Operations Department of our publishing house(tell: 13911533857/13701293970)

Ⓑ 到所在地海关本刊发行点订阅
From our outlets in your local Customs offices

Ⓒ 到当地邮政局(所)订阅
From your local postoffices

Ⓓ 拨打当地已开通的11185电话请邮政局(所)上门订阅
Dial 11185 and get home-visit services from the post

上述四种订阅办法可任选一种，可破月破季订阅 You can do it at any time